Margit Rex

Lernwerkstatt Sommerzeit

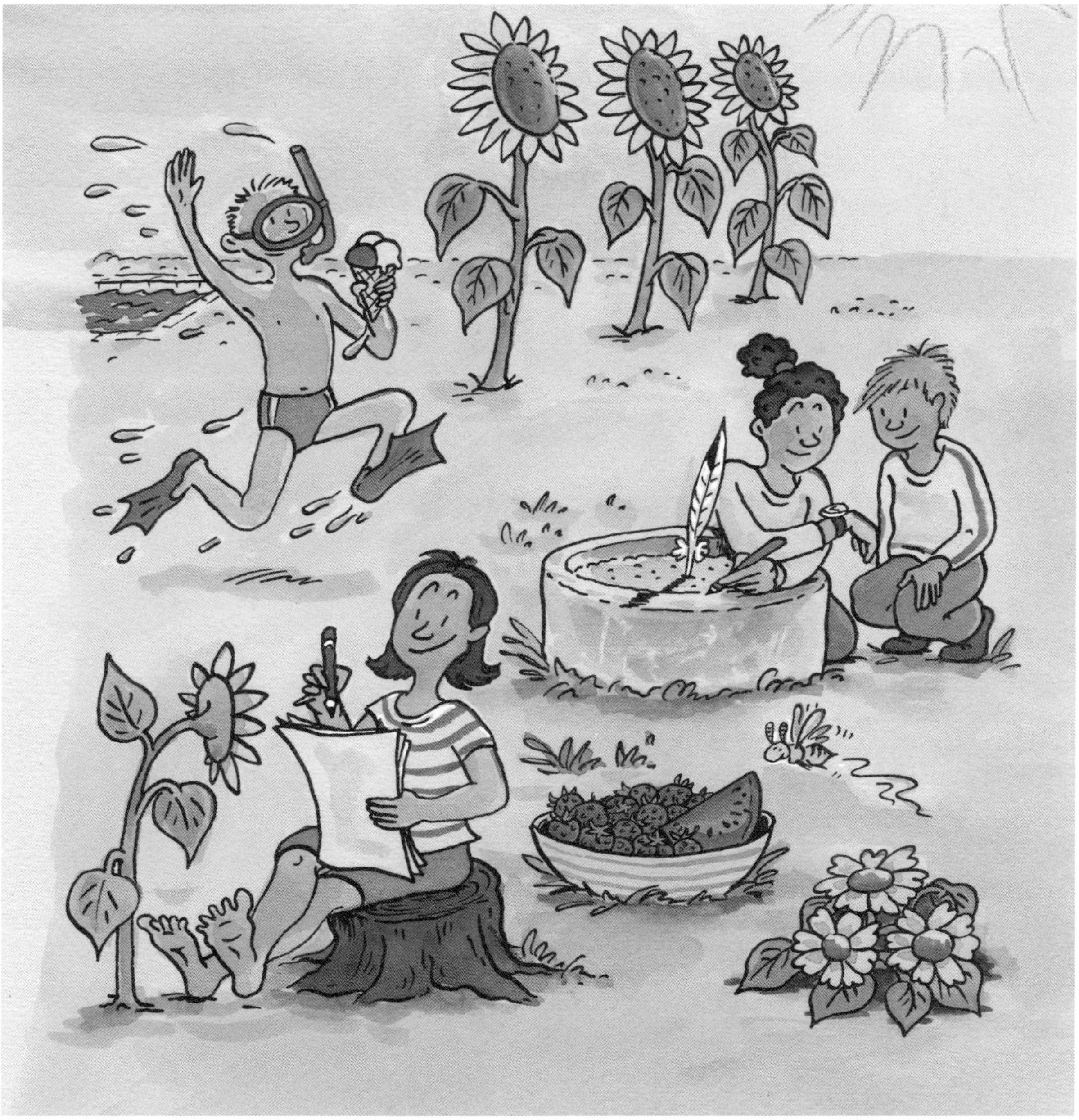

Die Autorin: Margit Rex studierte Lehramt in Karlsruhe und ist seit vielen Jahren als Grundschullehrerin in Baden-Württemberg tätig.

Gedruckt auf umweltbewusst gefertigtem, chlorfrei gebleichtem und alterungsbeständigem Papier.

1. Auflage 2015

Covergrafik: Barbara Gerth
Grafik innen: Barbara Gerth sowie Marion El-Khalafani (Lamm), Elisabeth Lottermoser (Taube), Stefan Lucas (Blitz), Georg Wieborg (Muschel)

Satz: Satzpunkt Ursula Ewert GmbH, Bayreuth

ISBN 978-3-403-23455-5

www.persen.de

Inhalt

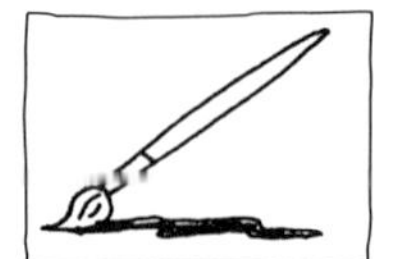

Kunst

Religion

Englisch

Musik

Vorwort

Sommerzeit verbinden wir mit „draußen sein“, Ferien, Urlaub und Reisen. Dazu gehört auch das Kennenlernen von Wetter, Tieren und Pflanzen.
Die Lernwerkstatt Sommerzeit bietet Lehrkräften vielfältige Möglichkeiten, das Thema mit Kindern fachspezifisch oder fächerübergreifend zu erschließen. Die Angebote sind den Lernbereichen Deutsch, Mathematik, Sachunterricht, Englisch, Kunst, Musik und Religion zugeordnet.
Die Schüler können sich selbstständig in Einzel-, Partner- und Gruppenarbeit mit den Arbeitsblättern beschäftigen. Zudem bieten die Kopiervorlagen die Möglichkeit, am Objekt (z. B. Sonnenblume) und unter Nutzung anderer Informationsquellen, wie Lexika und Internet, zu forschen.

Hinweise zum Umgang mit den Materialien

Die Kopiervorlagen sind sowohl zur Einführung einzelner Themen als auch als zusätzliches Material zur Vertiefung und Festigung des Unterrichtsgegenstandes konzipiert. Außerdem bieten sie Schülern vielfache Möglichkeiten zur selbstständigen Weiterarbeit in der Freiarbeit oder Wochenplanarbeit.

Sie können die Kopiervorlagen auf zweierlei Weise einsetzen:

- Sie legen nur die Arbeitsblätter zu **einem** Themenbereich (Tiere, Wetter, Früchte …) aus. Sind sie bearbeitet, wird das nächste Thema angeboten.

- Im Rahmen der Freiarbeit können Sie auch **alle** Kopiervorlagen gleichzeitig auslegen. Dann entscheiden Ihre Schüler nach ihren eigenen Interessen, welche Arbeitsblätter sie bearbeiten möchten.

Empfehlung hinsichtlich der Klassenstufen

Fach	Inhalt	Seite	1./2. Klasse	3. Klasse	4. Klasse	Lösung
Wahrnehmung/ Konzentration/ Spiele	**Für Tüftler: Sommerpuzzle**	10	x	x	x	
	Sommer-Mandala	11	x	x	x	
Deutsch	**Sommer-ABC** Wortsammlung (ABC)	12		x	x	
	Blumenvase mit Sommerblumen Lesen und ausmalen	13	x			
	Ein aufregender Schulausflug Lesen/Textverständnis	14		x	x	x
	Ein Sommer-Elfchen Gedicht schreiben	18	x	x		
	Meine Sommergeschichte Reizwortgeschichte schreiben	19		x	x	
	Sommerferien Diktattext üben	21		x		x
	Sommer-Kreuzworträtsel Rätsel	23	x	x	x	x
	Sommerwörter Wörter finden und nach dem ABC ordnen	24	x			x
	Das Gedicht von der Sonnenblume Auswendig lernen, Betonung	25	x			
	Im Freibad Fragen zum Text/Textverständnis	26	x	x		x
	Gedicht „Der Sommer" Sinnvolle Betonung üben	27		x	x	
	Sommerobst Sommerobst in Silben	28		x	x	x
	Sommer-Cluster Geschichte zu Wahlwörtern schreiben	29	x			x
	Wortarten zum Thema Sommer Wortarten	30	x	x	x	x
	Die bekanntesten Schmetterlinge Deutschlands Recherche/Steckbriefe schreiben	31		x	x	
	Sommer-Suchsel Sommerwörter finden	32	x			x
	Verrückte Sommersätze Satzteile sinnvoll zusammensetzen	33	x	x	x	x
	Zusammengesetzte Substantive Bestimmter Artikel	34		x	x	x
	Mein Rezept Eine Kochanleitung schreiben	35		x	x	

Fach	Inhalt	Seite	1./2. Klasse	3. Klasse	4. Klasse	Lösung
Mathematik	**Sommerfest** Sachaufgaben	36	x	x		
	In den Sommerferien Sachaufgaben	37			x	x
	Ausmalbild Einmaleins	39			x	x
	Sonnenblumen Sachaufgaben	40	x			x
	Wie viel kostet der Urlaub? Sachaufgaben	41		x	x	x
	Was versteckt sich hier? Zahlenraum 20 Addition, Subtraktion	43	x			x
Sachunterricht	**Das ist Sommer** Sachtext	44		x	x	x
	Bauernregeln 1 Interpretieren	45		x	x	
	Bauernregeln 2 Sachtexte verstehen	46		x	x	
	So entsteht ein Sommergewitter Sachtexte erklären	47		x	x	
	So verhältst du dich bei Gewitter richtig Regeln kennenlernen	48	x	x	x	
	Verhalten bei Gewitter Quiz	49	x	x	x	x
	Eine einfache Sonnenuhr bauen Bauanleitung	50	x			
	Früchte des Sommers Sommerobst (Stein-, Kern-, Beerenobst)	51	x	x	x	x
	Sommerobst Domino	52	x	x	x	
	Rote Grütze selbst gemacht Rezept	54	x	x	x	
	Sommergemüse Bilder beschriften	55	x	x	x	x
	Gemüse Memo	56	x	x	x	
	Schmetterlinge Körperteile/Entwicklung/Raupe und Puppe	57	x	x	x	x
	Wiesenblumen-Leporello Wiesenblumen-Info/Steckbriefe	61	x	x	x	
	Mein Wiesenblumen-Buch finden, pressen, beschriften	62		x	x	
	Honigbienen Entwicklung/Lebensweise/Teste dein Wissen	63		x	x	x
	Sonnenblumen Beschreibung und Aufgaben zuordnen	66	x	x	x	x
	Sonnenblumen-Faltbuch Tagebuch schreiben	69	x	x	x	

Fach	Inhalt	Seite	1./2. Klasse	3. Klasse	4. Klasse	Lösung
Sachunterricht	**Urlaub zu Hause** Möglichkeiten der Freizeitgestaltung	70	x	x	x	
	Unsere Urlaubsländer Arbeit mit dem Atlas	71		x	x	
	Europa-Rätsel Arbeit mit dem Atlas	72		x	x	x
Kunst	**Schmetterlinge selbst gestalten** Verschiedene Fensterbilder	73	x	x	x	
	Ameisen auf dem Weg zur Futterquelle Fingerdruck	74		x	x	
	Sonnenblumenfeld Collage (Gemeinschaftsarbeit)	75		x	x	
	Malen und Weben Leuchtturm/Windmühle auf Holzplatte Collage mit Sand, Muscheln, …	76		x	x	
Religion	**Pfingsten** Pfingstgeschichte, Pfingstbräuche	77		x	x	
Englisch	**A summer rhyme** Verstehen und auswendig lernen	79		x	x	
	Find the summer words Summer words	80		x	x	x
	Fruits Fill in the english words	81		x	x	x
	Vegetables Memo	82		x	x	
	Summer Fill in the english words	83		x	x	
Musik	**Geh aus mein Herz und suche Freud**	84		x	x	
	Lachend kommt der Sommer Kanon	85		x	x	

Thematische Einheiten fachübergreifend

Für Tüftler: Sommerpuzzle
Sommer-Mandala

Sommer
Sommer-ABC (Deutsch)
Blumenvase mit Sommerblumen (Deutsch)
Ein aufregender Schulausflug (Deutsch)
Ein Sommer-Elfchen (Deutsch)
Meine Sommergeschichte (Deutsch)
Sommerwörter (Deutsch)
Im Freibad (Deutsch)
Gedicht „Der Sommer" (Deutsch)
Sommer-Cluster (Deutsch)
Wortarten zum Thema Sommer (Deutsch)
Sommer-Suchsel (Deutsch)
Verrückte Sommersätze (Deutsch)
Zusammengesetzte Substantive (Deutsch)
Sommerobst (Deutsch)
Mein Rezept (Deutsch)
Sommerfest (Mathematik)
Was versteckt sich hier? (Mathematik)
A summer rhyme (Englisch)
Find the summer words (Englisch)
Summer (Englisch)
Trarira, der Sommer der ist da (Musik)
Geh aus mein Herz und suche Freud (Musik)
Pfingsten (Religion)
Früchte des Sommers (Sachunterricht)
Domino: Sommerobst (Sachunterricht)
Rote Grütze selbst gemacht (Sachunterricht)
Sommergemüse (Sachunterricht)
Memo: Gemüse (Sachunterricht)
Fruits and vegetables (Englisch)
Malen und weben (Kunst)

Wetter
Das ist Sommer (Sachunterricht)
Bauernregeln (Sachunterricht)
So entsteht ein Sommergewitter (Sachunterricht)
Verhaltensregeln bei Gewitter (Sachunterricht)
Verhalten bei Gewitter – Quiz (Sachunterricht)
Eine einfache Sonnenuhr bauen (Sachunterricht)

Pflanzen
Das Gedicht von der Sonnenblume (Deutsch)
Sonnenblumen (Mathematik)
Wiesenblumen-Leporello (Sachunterricht)
Mein Wiesenblumen-Buch (Sachunterricht)
Wissenswertes über Sonnenblumen (Sachunterricht)
Aufbau Sonnenblumen (Sachunterricht)
Sonnenblumen-Faltbuch (Sachunterricht)
Sonnenblumenfeld (Kunst)

Tiere
Die bekanntesten Schmetterlinge Deutschlands (Deutsch)
Ausmalbild Einmaleins (Mathematik)
Honigbienen (Sachunterricht)
Schmetterlinge (Sachunterricht)
So entwickelt sich ein Schmetterling (Sachunterricht)
Schmetterlinge selbst gestalten (Kunst)
Ameisen auf dem Weg zur Futterquelle (Kunst)

Sommerferien
Sommerferien (Deutsch)
Sommer-Kreuzworträtsel (Deutsch)
In den Sommerferien (Mathematik)
Wie viel kostet der Urlaub? (Mathematik)
Urlaub zu Hause (Sachunterricht)
Unsere Urlaubsländer (Sachunterricht)
Europa-Rätsel (Sachunterricht)

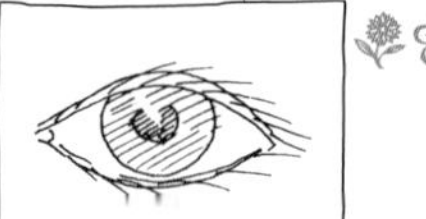

Für Tüftler: Sommerpuzzle

① **Schneide die Puzzleteile aus.**

② **Klebe sie richtig zusammen.**

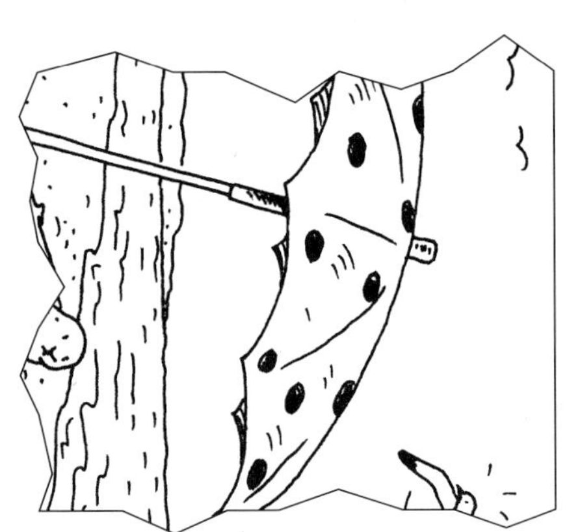

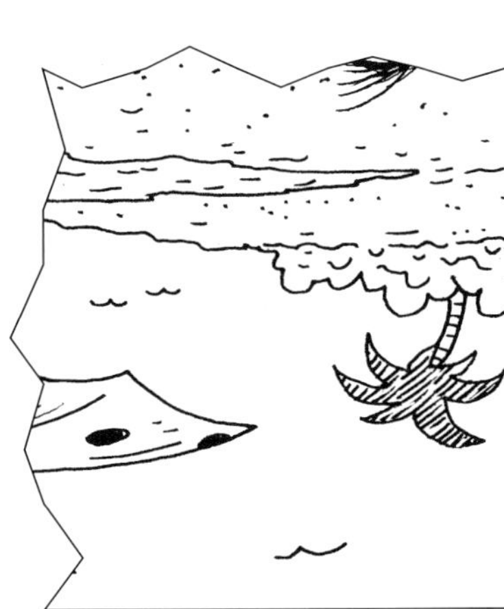

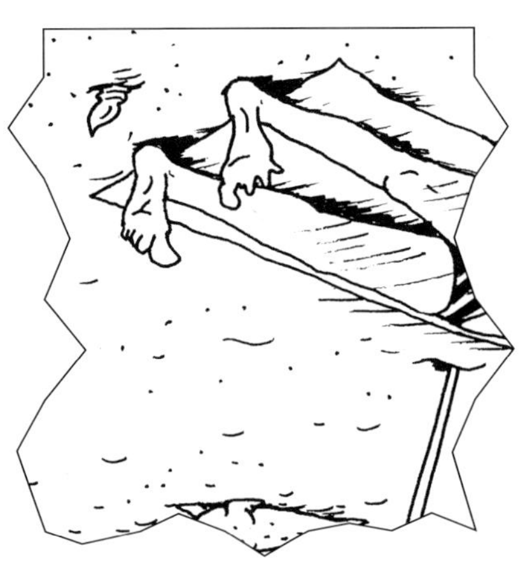

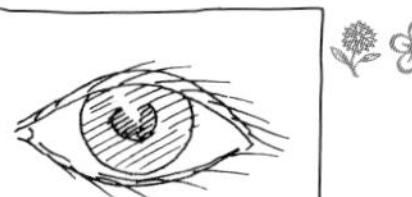

Sommer-Mandala

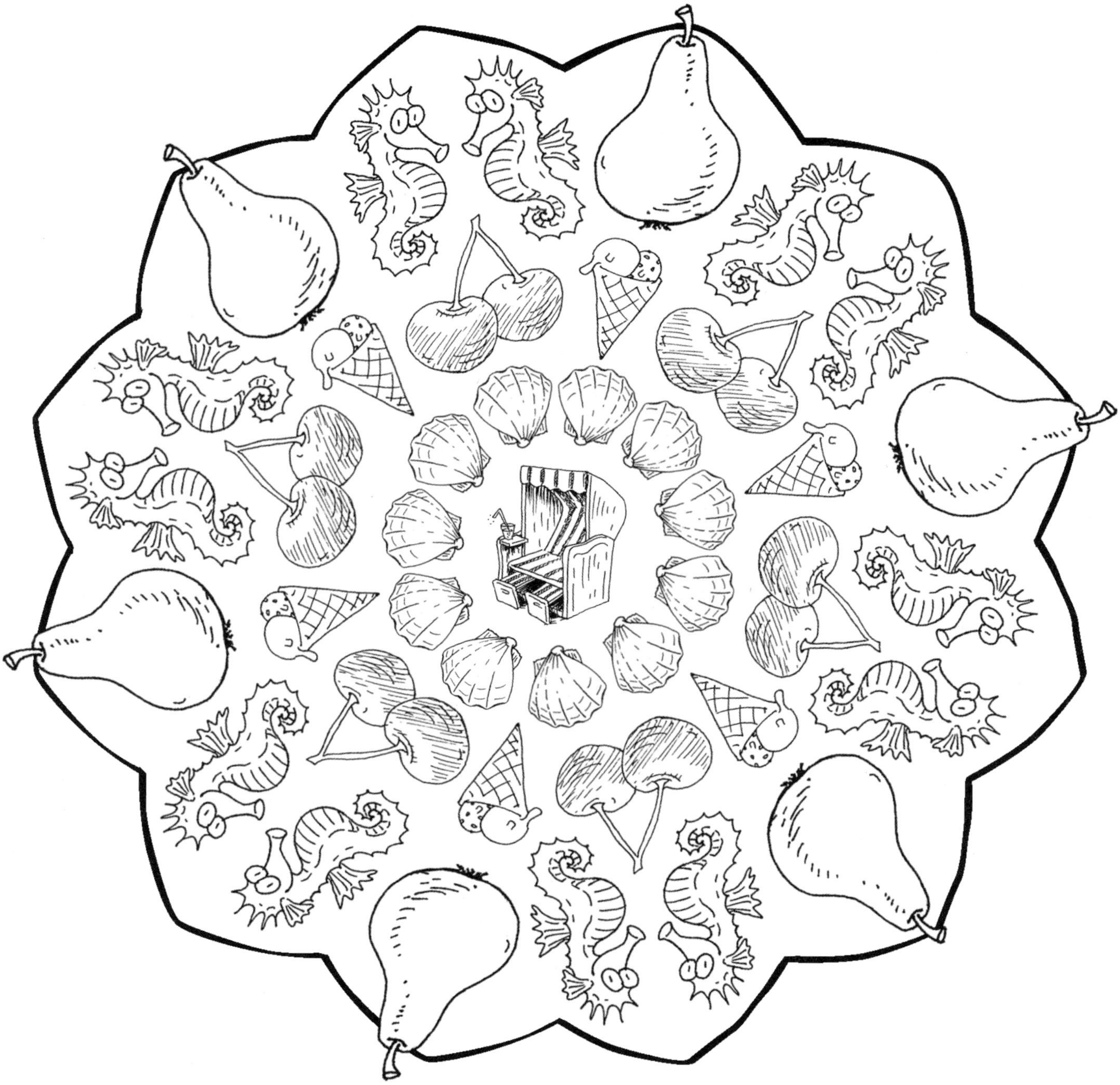

Sommer-ABC

Schreibe zu den Buchstaben des Alphabets Sommerwörter auf.

TIPP
Du kannst ein Wörterbuch benutzen.

A wie ____________________

B wie ____________________

C wie ____________________

D wie ____________________

E wie ____________________

F wie ____________________

G wie ____________________

H wie ____________________

I wie ____________________

J wie ____________________

K wie ____________________

L wie ____________________

M wie ____________________

N wie ____________________

O wie ____________________

P wie ____________________

Qu wie ____________________

R wie ____________________

S wie ____________________

T wie ____________________

U wie ____________________

V wie ____________________

W wie ____________________

X

Y wie Yacht

Z wie ____________________

Blumenvase mit Sommerblumen

Male in der richtigen Farbe an.

Nr.	Farbe
1	blau
2	grün
3	braun
4	rot
5	gelb
6	orange
7	schwarz

Ein aufregender Schulausflug

(Adrian Pascu)

① **Lies den Text allein oder mit einem Partner zwei- bis dreimal durch.**

② **Beantworte dann <u>allein</u> die Fragen in ganzen Sätzen.**
Gib die Zeilenzahl an.

③ **Kontrolliere deine Ergebnisse mit einem Partner.**

An einem wunderschönen Freitagmorgen unternahmen die Schüler der Klasse 4 a mit ihrer Lehrerin einen Ausflug. Sie wollten mit dem Bus in den Schwarzwald fahren und dort wandern. Nach der vierstündigen Wanderung, so hatte die Lehrerin versprochen, wollten sie dann noch als Abschluss das Freibad besuchen.

An diesem besagten Morgen lief die Gruppe gut gelaunt zu der Bushaltestelle, um auf den Schwarzwaldbus zu warten. Nach etwa 25 Minuten kam der Bus. Alle stiegen ein und schon ging es los. Der Bus brachte sie innerhalb von eineinhalb Stunden an ihr Ziel. Die Klasse wanderte fröhlich los.

Da die ganze Wanderroute sechs Kilometer betrug, teilte die Lehrerin die Strecke in zwei Etappen mit je drei Kilometern. Zwischen den Etappen gab es eine kleine Pause zum Ausruhen, Essen und Trinken.
Bei der ersten Rast entdeckte Peter, dass Tom ein Taschenmesser in seinem Rucksack hatte. Er lief zu seiner Lehrerin und erzählte es ihr.

Frau Pahlke ging zu Tom und meinte: „Gib mir bitte dein Taschenmesser!“
„Ich wollte aber doch nur damit schnitzen“, rechtfertigte sich der Junge.
Doch die Lehrerin bestimmte: „Ein Taschenmesser hat nichts auf unserem Ausflug verloren. Du kannst es nach dem Ausflug wieder bei mir abholen.“
Widerwillig überreichte Tom ihr das Messer und überlegte dabei schon, wie er sich für Peters Petzen rächen konnte. Es würde ihm schon etwas einfallen!

Während der zweiten Pause fanden Sabine, Katrin und Sanja eine von Schlingpflanzen zugewachsene Holzhütte. Neugierig öffnete Sanja die quietschende Tür, schritt hindurch und Sabine und Katrin folgten ihr. In der Hütte war es dunkel und es roch modrig. Die Fensterscheibe war zerbrochen. Von der Decke des halbdunklen Raumes hingen dicke Spinnweben herunter. Nach einer Weile erkannten die Mädchen einen alten Holzofen, einen Tisch und ein Bett. Auf dem Ofen stand ein verbeulter Kochtopf und auf dem Tisch entdeckten sie einen Teller mit einer verschimmelten Brotscheibe. „Ob hier jemand wohnt?“, fragte Sanja. Sabine meinte: „Hier wohnt schon lange niemand mehr. Sollen wir nicht lieber wieder gehen? Es ist ziemlich unheimlich hier.“ „Bist du ein Angsthase!“, lachte Katrin sie aus. Sie trat an das Bett und hob vorsichtig die

(„Ein aufregender Schulausflug“ – Fortsetzung)

zerknüllte Bettdecke hoch. Dann erstarrte sie, stieß einen grellen Schrei aus und rannte nach draußen. Nun sahen auch die beiden anderen Mädchen, was Katrin so erschreckt hatte. Unter der Bettdecke lag eine tote Ratte!

Sie hetzten aus der Hütte, schlugen die Tür zu und rasten zurück zu ihrer Klasse. Starr vor Ekel erzählten sie der Lehrerin und den Mitschülern, was sie entdeckt hatten. Die Jungs wollten natürlich sofort auch die Hütte sehen, aber Frau Pahlke hielt sie zurück und bestand darauf, die Wanderung fortzusetzen. Murrend machte sich die Klasse auf den Weg.

Nach der anstrengenden Wanderung freuten sich alle auf das Freibad. Die Lehrerin bezahlte den Eintritt und die Schüler liefen in die Umkleidekabinen. Nachdem sie eine Weile geschwommen waren und im Wasser herumgetobt hatten, rief Markus: „Lasst uns ausprobieren, wer den besten Salto vom Beckenrand schafft.“ Peter, Mike und Tom wollten sofort mitmachen.

Markus sprang zuerst und legte einen perfekten Salto vor. Nun versuchte es Mike. Sein Sprung gelang nicht so gut und er landete ziemlich hart auf dem Bauch. Als er wieder auftauchte lachte er: „Das probier ich gleich noch einmal!“ Als Peter an der Reihe war, wusste Tom plötzlich, wie er sich für das Petzen wegen des Taschenmessers rächen konnte. Er gab Peter einen Stoß, als dieser gerade springen wollte. Der Junge rutschte aus und schlug mit der Stirn auf den Beckenrand. Mike, der noch im Wasser war, half dem stark blutenden Peter aus dem Becken. Schon kamen der Bademeister und Frau Pahlke angelaufen. Der Bademeister wickelte Peter in ein Badetuch und drückte einen Verband auf seine blutende Stirn. Völlig schockiert setzte sich Tom neben den jammernden Peter und hielt seine Hand fest. Nach wenigen Minuten hörte man schon den Krankenwagen. Der Notarzt untersuchte Peter und sagte: „Das ist nicht so schlimm, wie es aussieht. Aber die Platzwunde muss im Krankenhaus genäht werden. Und vielleicht hast du ja auch eine leichte Gehirnerschütterung.“ Die Sanitäter luden Peter in den Rettungswagen ein. Frau Pahlke rief Peters Eltern an und berichtete von dem Unfall.

Am darauffolgenden Tag machten Tom und seine Eltern einen Krankenbesuch bei Peter, der schon wieder aus der Klinik entlassen worden war. Tom entschuldigte sich und schenkte Peter als Wiedergutmachung ein Abenteuerbuch.

Am Montag erschienen alle Schüler wieder im Klassenzimmer. Auch Peter war da. Stolz zeigte er das dicke Pflaster, das auf seiner Stirn prangte. Tom hatte immer noch ein schlechtes Gewissen und fragte Frau Pahlke: „Darf ich neben Peter sitzen?“ Sie erlaubte es. Die beiden Jungs waren von nun an unzertrennliche Freunde.

Ein aufregender Schulausflug

(Fragen zum Text)

1. Wann machte die Klasse 4 a einen Ausflug?

   Zeile ____: ______________________________

   ____

2. Wie lange dauerte die Busfahrt in den Schwarzwald?

   Zeile ____: ______________________________

   ____

3. Wie heißt die Lehrerin?

   Zeile ____: ______________________________

4. Was geschah während der ersten Rast? Erzähle mit deinen Worten.

   Zeile ____ bis ____: ______________________________

   ____

   ____

   ____

   ____

5. Zeilen 26 bis 35: Schreibe auf, was die Mädchen in der Hütte fanden.
   Ergänze die fehlenden Adjektive.

   ______________ Spinnweben ______________ Holzofen

   ______________ Kochtopf ______________ Brotscheibe

   ______________ Bettdecke ______________ Ratte

6. Wie beschäftigten sich Peter, Mike und Tom im Freibad?

   Zeile ____: ______________________________

   ____

(Fragen zum Text – Fortsetzung)

7. Weshalb gab Tom Peter einen Stoß?

   Zeile _____: ____

8. Stell dir vor, du wärst Tom. Mit welchen Worten würdest du dich bei Peter entschuldigen?

   ____

   ____

   ____

   ____

9. Womit entschuldigt sich Tom bei Peter?

   Zeile _____: ____

10. Weshalb wollte Tom ab dem folgenden Montag neben Peter sitzen?

   Zeile _____: ____

   ____

Ein Sommer-Elfchen

Ein Elfchen ist ein Gedicht, das aus genau 5 Zeilen und 11 Wörtern besteht. Der Aufbau eines Elfchens ist immer gleich:

1. Zeile: 1 Wort	Adjektiv
2. Zeile: 2 Wörter	Artikel + Nomen
3. Zeile: 3 Wörter	Beschreibe das Nomen genauer. (Wie ist es? oder Wo ist es? oder Was tut es?)
4. Zeile: 4 Wörter	Schreibe etwas über dich. Beginne mit „Ich“.
5. Zeile: 1 Wort	Ein abschließendes Wort

Beispiel:

Weiß
Die Rose
Sie duftet herrlich
Ich schenke sie Mama
Danke

① **Schreibe ein Sommer-Elfchen.**

② **Kannst du auch ein Ferien-Elfchen schreiben?**

Meine Sommergeschichte

① **Schreibe zu diesen drei Wörtern eine Geschichte.**

Ausflug, Gewitter, Waldhütte

Denke beim Schreiben an die drei Teile einer Geschichte:

Einleitung:	Wer? Wann? Was? Wo?
Hauptteil:	Gib den Personen Namen.
	Lass sie miteinander sprechen.
	Beschreibe auch Gefühle und Gedanken.
Schluss:	Wie endet die Geschichte?
	Es dürfen keine Fragen mehr offenbleiben.

Sommerferien 1

① **Lies den Text.**

② **Unterstreiche die Substantive (Namenwörter, Nomen) rot.**

③ **Unterstreiche die Verben (Tunwörter, Zeitwörter) blau.**

④ **Schreibe die Substantive nach dem Alphabet geordnet.**

⑤ **Schreibe die Verben nach dem Alphabet geordnet.**

⑥ **Partnerarbeit: Diktiert euch den Text gegenseitig.**

AB IN DIE SOMMERFERIEN

DIE SCHULGLOCKE KLINGELT. DIE SCHÜLER STÜRMEN AUS DEM KLASSENZIMMER. ENDLICH SOMMERFERIEN!
NELE FLIEGT GLEICH AM NÄCHSTEN TAG MIT IHREN ELTERN NACH SPANIEN. TOM WANDERT MIT SEINEM VATER IM GEBIRGE. MANDY VERBRINGT DIE FERIEN AUF EINEM BAUERNHOF IM SCHWARZWALD. CHRIS VERREIST NICHT. ER GEHT OFT INS FREIBAD UND MACHT AN DEN WOCHENENDEN MIT SEINER MUTTER AUSFLÜGE.

Sommerferien 2

Geheimschrift (Druckschrift)

⑦ **Finde heraus, um welche Wörter aus dem Text es sich handelt.**

⑧ **Schreibe die Wörter auf die Linien.**

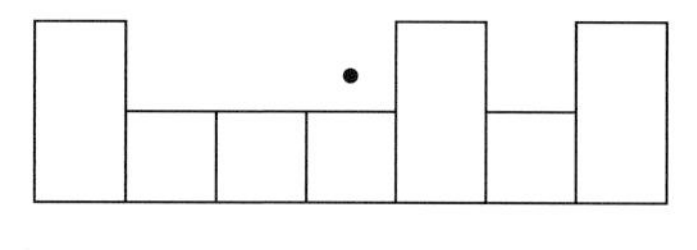

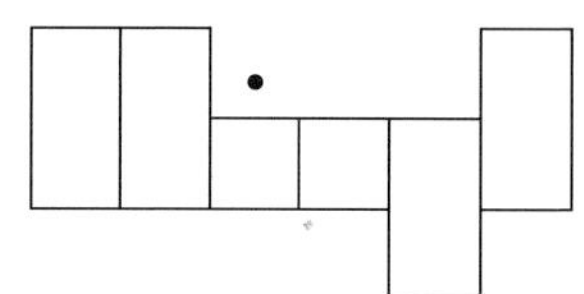

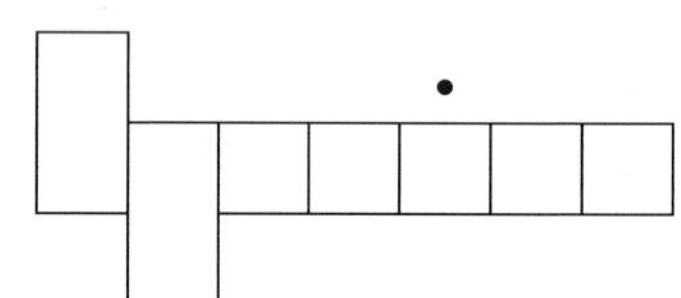

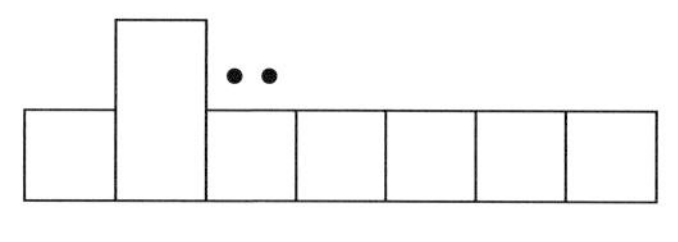

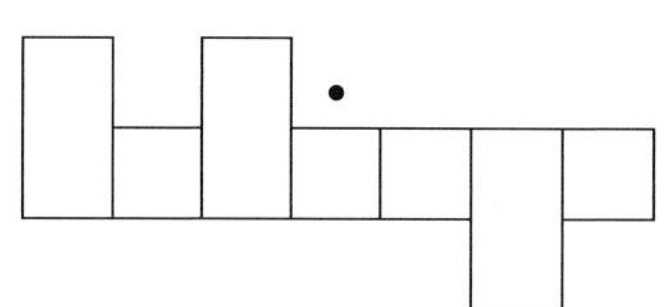

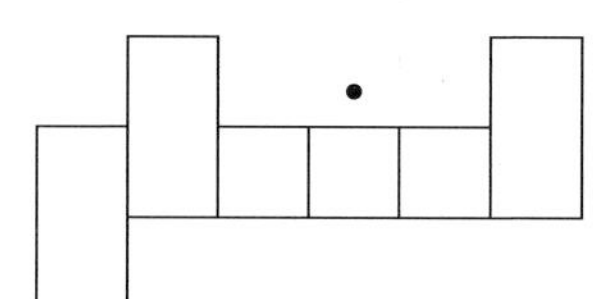

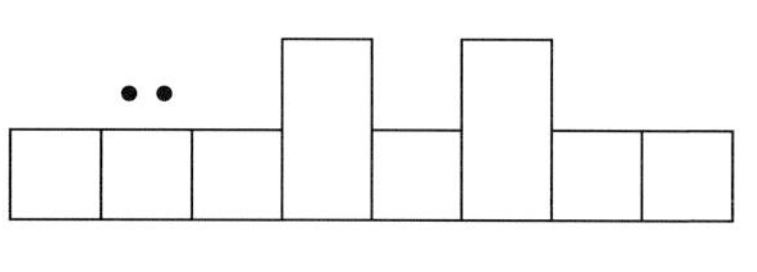

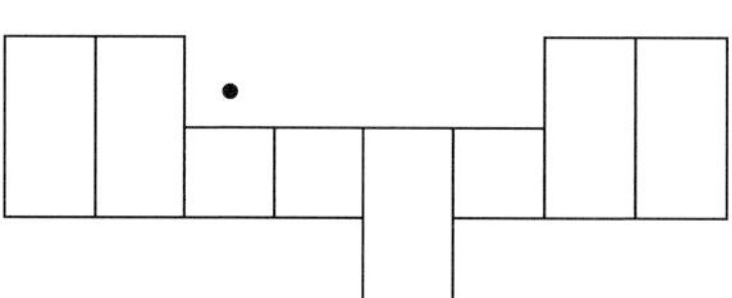

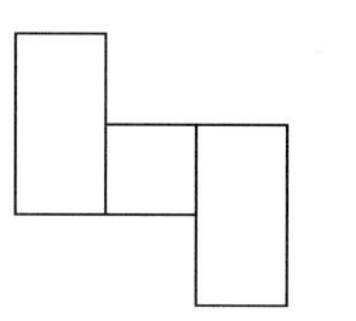

Freibad, fliegt, Spanien, stürmen, Gebirge, gleich, nächsten, klingelt, Tag

Sommer-Kreuzworträtsel

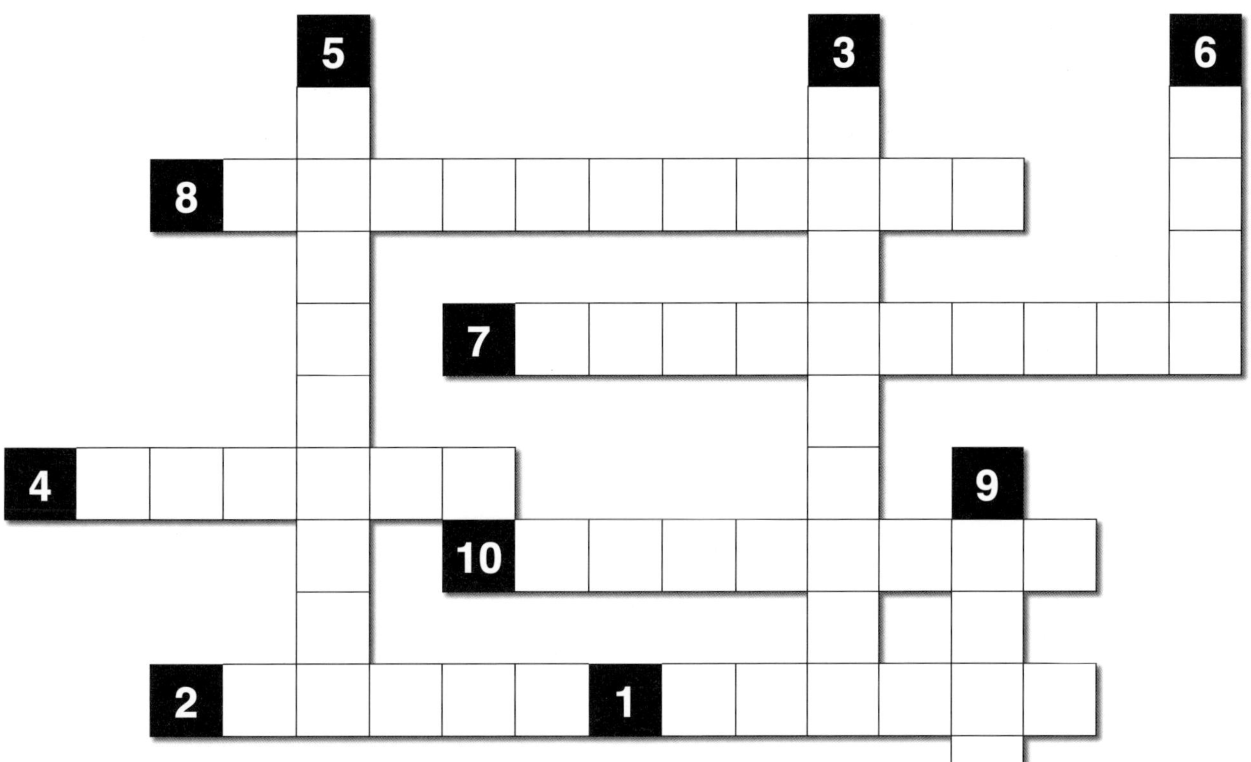

① In den ____________ kannst du deine Kleider einpacken.

② In den Sommerferien machen viele Kinder eine ____________.

③ Martina verbringt ihre Ferien auf einem ________________.

④ Jan fliegt im ____________ nach Südafrika.

⑤ Andi schreibt seiner Oma eine ____________________ von der Nordsee.

⑥ Auf dem Campingplatz wohnt Hanna in ihrem eigenen __________.

⑦ Peter nimmt seine Freunde im __________________ mit.

⑧ Vergiss die Sonnencreme nicht, sonst bekommst du einen ________________.

⑨ Melanie liegt am liebsten auf dem ________________ unter einer Palme und liest spannende Geschichten.

⑩ Am Meer kannst du tolle ________________ finden.

Hast du alle Wörter gefunden?

REISE SONNENBRAND ZELT BAUERNHOF URLAUB MUSCHELN
POSTKARTE KOFFER PADDELBOOT LIEGESTUHL

Sommerwörter

Welche zehn Wörter passen am besten zum Sommer?

① Umfahre sie farbig.

Kachelofen heiß Auto Wald Eisbecher Schneemann Freibad Sonnenblume Fahrrad Pfirsich Regenjacke malen Aprikose Flugzeug Grillfest Gewitter Ameise Gartendusche Teetasse Sonnenhut

② Ordne die Sommerwörter nach dem ABC.

1. ______________________ 6. ______________________

2. ______________________ 7. ______________________

3. ______________________ 8. ______________________

4. ______________________ 9. ______________________

5. ______________________ 10. ______________________

Das Gedicht von der Sonnenblume

① **Lies das Gedicht.**
② **Lerne es auswendig.**
③ **Trage das Gedicht deinem Partner vor.**
④ **Trage es deiner Klasse vor.**
⑤ **Zeichne unten deine eigene Sonnenblume.**

Sonnenblume, ✱ Sonnenblume, ✱
steht ✱ an unserem Gartenzaun. ✱✱
Außen ✱ hat sie goldene Blätter, ✱
innen ✱ ist sie braun. ✱✱

Kommt ein Vöglein ✱ angeflogen, ✱
ist gar hungrig sehr. ✱
Sonnenblume, ✱ Sonnenblume, ✱
schenk mir doch ✱ ein Körnlein her. ✱✱

Sonnenblume ✱ gibt dem Vöglein ➚
Körnlein ✱ ohne Zahl. ✱
„Danke", ✱ ruft es fröhlich, ✱ „danke!" ✱✱
Es war ein ✱ gutes Mahl. ✱✱

Wenn du ein Gedicht betont vortragen möchtest, musst du ein paar Dinge beachten:

- Sprich langsam und deutlich.
- Betone die unterstrichenen Wörter besonders.
- Mache bei ✱ eine kurze Pause.
- Mache bei ✱✱ eine längere Pause.
- Bei ➚ solltest du mit der Stimme nicht heruntergehen, sondern gleich mit der nächsten Zeile weitersprechen.

Viel Spaß beim Ausprobieren!

Im Freibad

① **Lies die Geschichte.**

An einem heißen Sommertag trafen sich Mona, Tanja und Finya vor dem Freibad. Sie bezahlten und betraten die Umkleidekabinen. Danach suchten sie sich einen schattigen Platz auf der Liegewiese und breiteten ihre Handtücher aus.

Mona meinte: „Kommt, wir gehen gleich ins Wasser, die Hitze ist ja nicht auszuhalten!" So liefen die drei zum Schwimmbecken, duschten sich ab und kletterten ins Wasser. Als sie eine Weile geschwommen waren, schlug Tanja vor: „Sollen wir mal auf den Sprungturm gehen?" Mona war sofort einverstanden, doch Finya sagte: „Aber nur auf das 1-Meter-Brett." Nach einigen gelungenen Sprüngen langweilten sich Mona und Tanja. Sie wollten auf das 3-Meter-Brett. „Ich bin aber noch nie da oben gewesen!", jammerte Finya. „Probier es doch einfach mal", forderte Tanja sie auf. Finya wollte nicht als Feigling dastehen und folgte ihren Freundinnen auf der Leiter nach oben.

Schon auf den letzten Sprossen wurde Finya plötzlich kreidebleich und fing an zu zittern. Mona fragte: „Frierst du etwa?" Das Mädchen gab keine Antwort und schaute nur unsicher auf das so weit unten liegende Wasser. Tanja flüsterte Mona zu: „Finya hat Angst!" Da hatten sie eine Idee: Die beiden stellten sich rechts und links neben Finya. Jede nahm eine Hand der Freundin. Ehe Finya wusste, was geschah, nahmen sie Anlauf und sprangen gemeinsam mit ihr in das Schwimmbecken.

Als Finya wieder auftauchte, rieb sie sich das Wasser aus den Augen und rief glücklich: „Das war toll!" Von da an hatte sie keine Angst mehr und konnte nicht oft genug in die Tiefe springen. Mona und Tanja waren sehr stolz auf ihre Freundin.

② **Kreuze die richtige Antwort an.**

Die Mädchen trafen sich

- ☐ vor dem Hallenbad.
- ☐ im Freibad.
- ☐ vor dem Freibad.

Sie legten ihre Handtücher

- ☐ an den Beckenrand.
- ☐ auf die Liegewiese.
- ☐ auf drei Stühle.

Nach einigen Sprüngen vom 1-Meter-Brett

- ☐ langweilten sich Tanja und Mona.
- ☐ stritten sich Tanja und Mona.
- ☐ versöhnten sich Tanja und Mona.

Finya wollte nicht

- ☐ als Streber dastehen.
- ☐ als Feigling dastehen.
- ☐ als Spielverderber dastehen.

Als Tanja und Mona merkten, dass Finya Angst hatte,

- ☐ ließen sie sie einfach stehen.
- ☐ begleiteten sie sie die Leiter hinunter.
- ☐ sprangen sie gemeinsam mit ihr.

Der Sommer

① **Lies das Gedicht gemeinsam mit einem Partner.**

② **Übt das Gedicht mit einer sinnvollen Betonung zu lesen (beachtet den Tippkasten).**

③ **Wenn du möchtest, kannst du das Gedicht deiner Klasse vortragen.**

Der Sommer

(August Heinrich Hoffmann von Fallersleben, 1798–1874)

1 Der Sommer, ✕ der Sommer, ✕
das ist die ✕ schönste Zeit: ✕✕
Wir ziehen ✕ in die Wälder ✕➚
und durch die Au'n ✕ und Felder ✕➚
voll Lust ✕ und Fröhlichkeit. ✕✕

2 Der Sommer, ✕ der Sommer, ✕
der schenkt uns ✕ Freuden viel: ✕✕
Wir jagen dann ✕ und springen ✕➚
nach bunten ✕ Schmetterlingen ✕➚
und spielen ✕ manches Spiel. ✕✕

3 Der Sommer, ✕ der Sommer, ✕
der schenkt uns ✕ manchen Fund: ✕✕
Erdbeeren wir uns suchen ✕➚
im Schatten ✕ hoher Buchen ✕➚
und laben Herz ✕ Mund. ✕✕

4 Der Sommer, ✕ der Sommer. ✕
der heißt uns ✕ lustig sein: ✕✕
Wir winden ✕ Blumenkränze ✕➚
und halten ✕ Reigentänze ✕➚
beim ✕ Abendsonnenschein. ✕✕

Tipps für eine sinnvolle Betonung

- Sprich langsam und deutlich.
- Betone die unterstrichenen Wörter besonders.
- Bei ✕ machst du eine kurze Sprechpause.
- Bei ✕✕ machst du eine längere Sprechpause.
- Gehe bei ➚ nicht mit der Stimme herunter, sondern sprich gleich mit der nächsten Zeile weiter.

Sommerobst

Auf dieses Obst freuen wir uns das ganze Jahr.
Du findest die Früchte des Sommers, wenn du die Silben zusammensetzt.
In den Klammern vor den Linien steht jeweils die Anzahl der Silben.

① **Schreibe die Wörter auf.**

② **Färbe die Silben, die zusammengehören, mit der gleichen Farbe.**

(2) ______	(2) ______	(2) ______
(2) ______	(2) ______	(3) ______
(3) ______	(3) ______	(3) ______
(3) ______	(3) ______	(4) ______
(4) ______	(4) ______	(4) ______
(4) ______	(5) ______	

-ta- **-bee-** **-han-** **Pflau-** **-ri-** **Erd-**

-ko- **Pfir-** **-ne** **-bee-** **-bar-** **-bee-**

Hei- **-bel-** **Nek-** **-fel** **Brom-** **Kir-**

Bir- **-sche** **-re** **-ra-** **Rha-** **Me-** **-lo-**

Ap- **Him-** **-sich** **-re** **-ne** **Wein-** **-ber**

-ne **-re** **-bee-** **-nis-**

-se **-be** **Ap-** **-le** **Sta-** **-trau-**

-bee- **-ri-** **-re** **-re** **-chel-**

-del- **-me** **Jo-** **-bee-** **-re** **Mi-**

Sommer-Cluster

① Suche mit einem Partner Wörter, die zum Sommer passen.

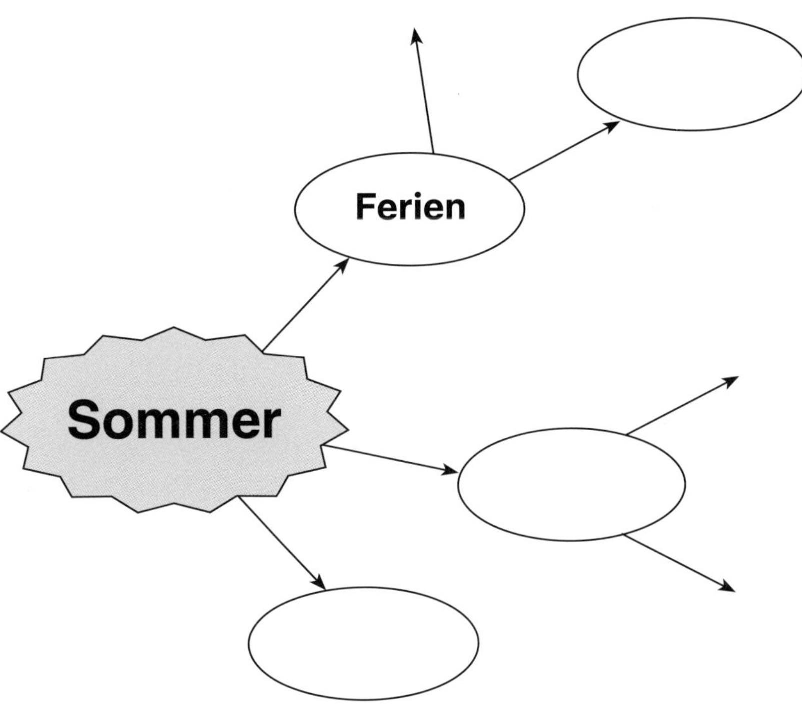

② Wähle drei bis vier Wörter aus und schreibe dazu eine Geschichte.

③ Lies deinem Partner deine Geschichte vor.

Wortarten zum Thema Sommer

① **Schreibe die Wörter in die Tabelle.**

HITZE SCHWIMMEN FREIBAD WARM VERREISEN SCHMETTERLING BUNT QUELLE
SPRITZEN SCHWITZEN TROCKEN HELL SCHLECKEN URLAUB SAFTIG HEIß
FERIEN WANDERN GRILLEN BADEN SANDALEN LECKER TAUCHEN GEWITTER

Substantive (Nomen, Namenwörter)	Verben (Tunwörter)	Adjektive (Wiewörter)

---		---

② **Schreibe drei Sätze mit Wörtern deiner Wahl aus der Tabelle.**

Die bekanntesten Schmetterlinge Deutschlands

① Informiere dich im Internet oder in einem Tierlexikon über die Schmetterlinge.

② Schreibe jeweils einen kurzen Steckbrief (denke an Lebensdauer, Flugzeit, Futterpflanze ...).

③ Male die Schmetterlinge in den richtigen Farben aus.

Schwalbenschwanz: ______________________

____

____

____

Admiral: ______________________

____

____

____

Distelfalter: ______________________

____

____

____

Tagpfauenauge: ______________________

____

____

____

Großer Fuchs: ______________________

____

____

Sommer-Suchsel

Hier sind 10 Sommer-Wörter versteckt.

Finde sie und male sie an.

A	N	U	L	P	A	V	F	F	T	R	G	N	M	Ö
G	H	E	H	V	B	B	L	R	Ö	Z	E	M	Q	K
Ö	M	Z	K	F	D	A	R	E	X	W	O	P	M	E
R	B	H	O	K	L	D	G	I	L	O	S	G	B	G
E	B	S	O	N	N	E	N	B	L	U	M	E	H	L
H	I	T	Z	E	J	H	T	A	X	R	A	W	K	Y
B	E	R	J	Ü	K	O	F	D	D	L	F	I	M	U
Q	E	A	G	N	D	S	U	I	P	A	M	T	C	S
Ö	H	N	F	W	E	E	R	E	T	U	B	T	N	A
H	U	D	U	R	S	T	H	I	M	B	E	E	R	E
Q	X	F	G	H	L	O	P	S	Ö	N	Ä	R	S	Q

Hast du alle Wörter gefunden?

HITZE FREIBAD GEWITTER BADEHOSE SONNENBLUME STRAND
DURST EIS URLAUB HIMBEERE

Verrückte Sommersätze

Was gehört zusammen?

① **Gib den passenden Teilen die gleiche Zahl.**

1	Max spritzt		mit dem Auto.
2	Marion schläft		im See.
3	Oma beobachtet		einen Eisbecher.
4	Lina schleckt		eine Eintrittskarte.
5	Oskar bestaunt		im Flugzeug.
6	Die Familie verreist		die vielen Berge.
7	Mama liest		kalten Sprudel.
8	Anna trinkt		die Eiskarte.
9	Papa schwimmt		mit dem Gartenschlauch.
10	Alena kauft		den Wasserfall.

② **Erfinde selbst verrückte Sommersätze und lass deinen Partner die Aufgabe lösen.**

Zusammengesetzte Substantive

Schreibe die zusammengesetzten Substantive mit Artikel (Begleiter) auf die Linien.

1.

Sommer: Zeit, Ferien, Urlaub, Früchte, Blumen, Schuhe, Kleider, Hitze

2.

Sonne(n): Bad, Uhr, Blume, Strahlen, Hut, Brand, Schirm, Creme

ABC

Mein Rezept

Bei ihrem letzten Besuch hat deine Freundin bei dir rote Grütze gegessen. Sie kannte dieses Dessert vorher nicht und war begeistert. Nun möchte sie das Rezept auch einmal ausprobieren.

① **Lies noch einmal das Rezept auf Seite 54 durch.**

② **Schreibe eine Kochanleitung für deine Freundin. Schreibe in ganzen Sätzen und verwende verschiedene Satzanfänge (dann, danach, als Nächstes ...).**

Denke an die Zutaten und die jeweiligen Mengen.

So bereitest du die rote Grütze zu

Zutaten: ______________________________

____

____

____

____

Zubereitung: ______________________________

____

____

____

____

____

____

____

____

____

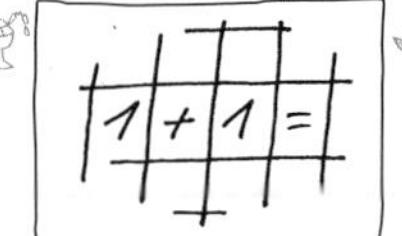

Sommerfest

Katrins Schule veranstaltet ein Sommerfest. Die Schüler der zweiten Klasse verkaufen Brezeln, Süßigkeiten, Getränke und Lose.

1 Brezel	40 Cent
1 Brezel mit Butter	60 Cent
1 Becher Sprudel	40 Cent
1 Becher Apfelsaft	80 Cent

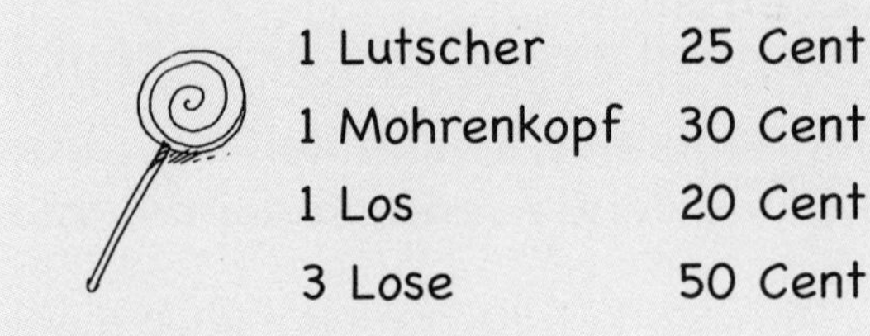

1 Lutscher	25 Cent
1 Mohrenkopf	30 Cent
1 Los	20 Cent
3 Lose	50 Cent

① **Bernd aus der dritten Klasse kauft 1 Brezel und 2 Lutscher.**

Frage:

Rechnung:

Antwort:

② **Herr Lutz kauft für sich 1 Brezel mit Butter und für seine beiden Kinder jeweils 1 Mohrenkopf. Er bezahlt mit einer 2-Euro-Münze.**

Frage:

Rechnung:

Antwort:

③ **Die Rektorin der Schule ist mit ihrem Mann und ihrer Tochter Laura auf dem Fest. Jeder der Familie trinkt 1 Becher Sprudel. Außerdem darf Laura 3 Lose ziehen.**

Frage:

Rechnung:

Antwort:

④ **„Martin möchte 1 Brezel. Für sich und seinen Bruder kauft er jeweils 1 Lutscher. Er hat 2 Euro in der Tasche. Wie viele Lose kann er noch kaufen?**

Rechnung:

Antwort:

In den Sommerferien 1

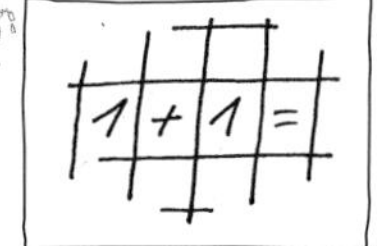

① **Peter macht mit seinem Vater eine Wanderung zum Aussichtsturm auf dem Hochberg. Sie laufen um 7.45 Uhr los und machen nach 2 Stunden eine Pause von 40 Minuten. Nach weiteren 2 Stunden 30 Minuten haben sie ihr Ziel erreicht.**

a) Wann sind sie am Hochberg?

Rechnung:

Antwort: ______________________________

Nach 1 Stunde 35 Minuten machen sich Vater und Sohn auf den Rückweg. Diesmal brauchen sie nur 3 Stunden 40 Minuten.

b) Wann kommen sie zu Hause an?

Rechnung:

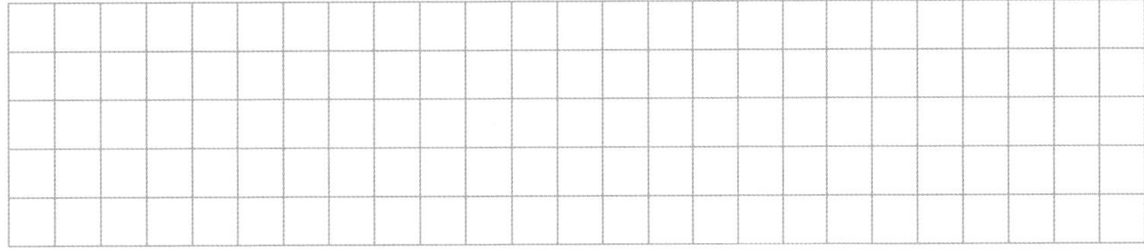

Antwort: ______________________________

② **Zur Fahrradtour starten Bianca und Svenja in Audorf. Nach 1 Stunde 40 Minuten springt an Biancas Rad die Kette heraus. Die Reparatur dauert 15 Minuten. Nun geht es 2 Stunden weiter, bis Svenja eine Pause von 30 Minuten fordert. Nach weiteren 45 Minuten haben sie ihr Ziel um 13.25 Uhr erreicht.**

Frage: Wann starteten die Mädchen in Audorf?

Rechnung:

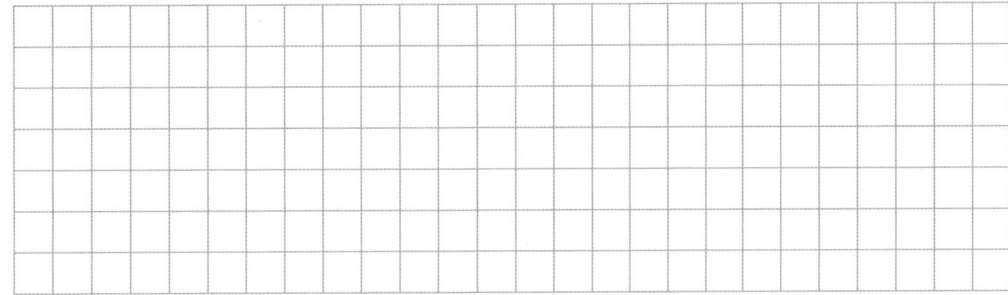

Antwort: ______________________________

In den Sommerferien 2

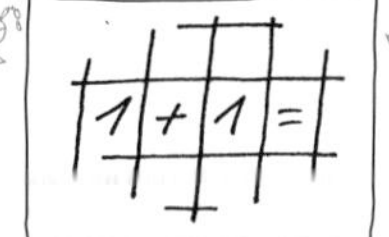

③ **Oscar darf in den Ferien allein zu seinem Opa an die Nordsee fahren. Um 8:15 Uhr steigt er in Mannheim in den Zug. Er wird 9 Stunden und 35 Minuten unterwegs sein.**
Opa holt Oscar am Bahnhof ab. Er möchte 10 Minuten vor Ankunft des Zuges dort sein. Für den Weg von zu Hause zum Bahnhof braucht er 15 Minuten.

Frage: Wann muss Opa von daheim losgehen?

Rechnung:

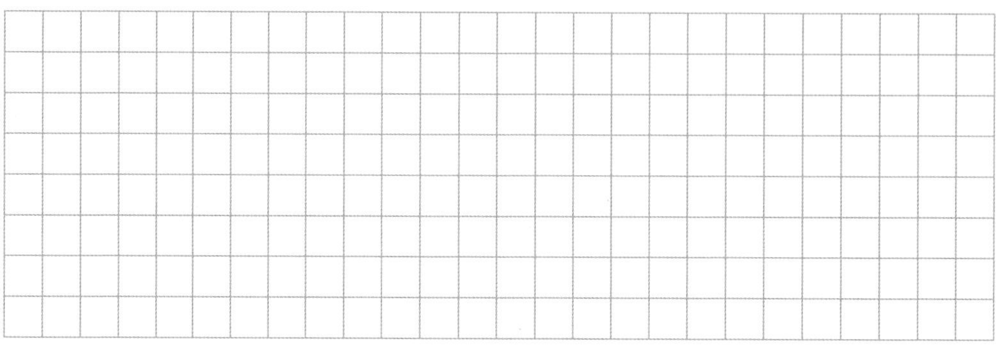

Antwort: ______________________________

④ **Oma Binder aus Hamburg entschließt sich, ihren Urlaub bei den Enkelkindern am Bodensee zu verbringen. Damit sie nicht umsteigen muss, fährt sie mit dem Reisebus um 6:45 Uhr in Hamburg los. Nach 1 Stunde Fahrt hält der Bus 30 Minuten zu einer Toilettenpause an. Bis zum Mittagessen dauert es danach noch einmal 4 Stunden. Nach 1 Stunde Pause geht es wieder auf die Autobahn. Oma kann bis zur Kaffeepause von 45 Minuten Länge ganze 2 Stunden Mittagschlaf halten. Nun sind es nur noch 1 Stunde und 55 Minuten bis zur Ankunft am Bodensee.**

a) Wann kommt Oma am Bodensee an?

b) Wie lange war Oma Binder unterwegs?

Rechnung:

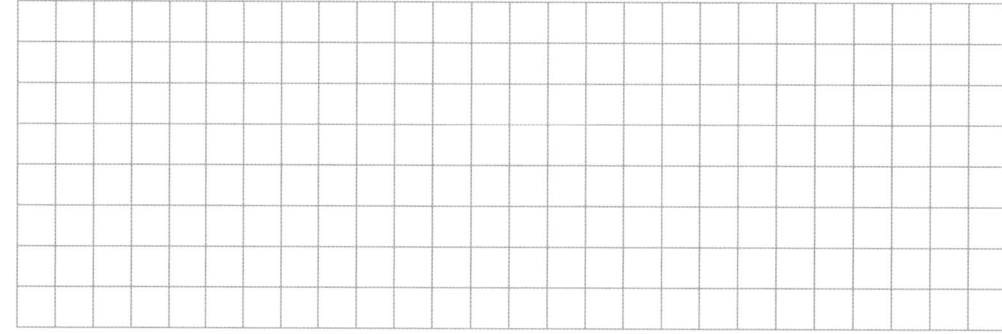

Antworten:

a) ______________________________

b) ______________________________

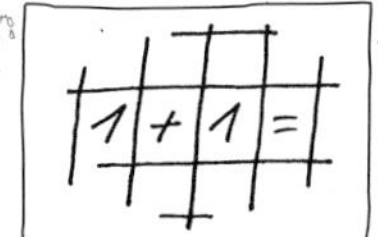

Ausmalbild

① **Löse die Aufgaben.**

② **Suche im Bild die richtigen Lösungen.**

③ **Male nur diese Felder aus.**

6 · 3 = ______
4 · 7 = ______
6 · 8 = ______
9 · 12 = ______
9 · 8 = ______
5 · 6 = ______
9 · 4 = ______
2 · 17 = ______
9 · 9 = ______
8 · 3 = ______

7 · 12 = ______
8 · 11 = ______
4 · 5 = ______
3 · 5 = ______
5 · 9 = ______
7 · 15 = ______
9 · 7 = ______
12 · 10 = ______
2 · 7 = ______
9 · 6 = ______

6 · 7 = ______
7 · 8 = ______
2 · 6 = ______
10 · 10 = ______
3 · 9 = ______
5 · 7 = ______
8 · 8 = ______
20 · 7 = ______
7 · 0 = ______

(15 · 2) – 7 = ______
(7 · 4) + 3 = ______
(2 · 5) – 3 = ______
(7 · 7) + 2 = ______
(2 · 7) + 3 = ______
(4 · 6) + 8 = ______
(6 · 7) + 2 = ______
(11 · 8) – 9 = ______
(8 · 9) – 6 = ______
(2 · 10) – 7 = ______

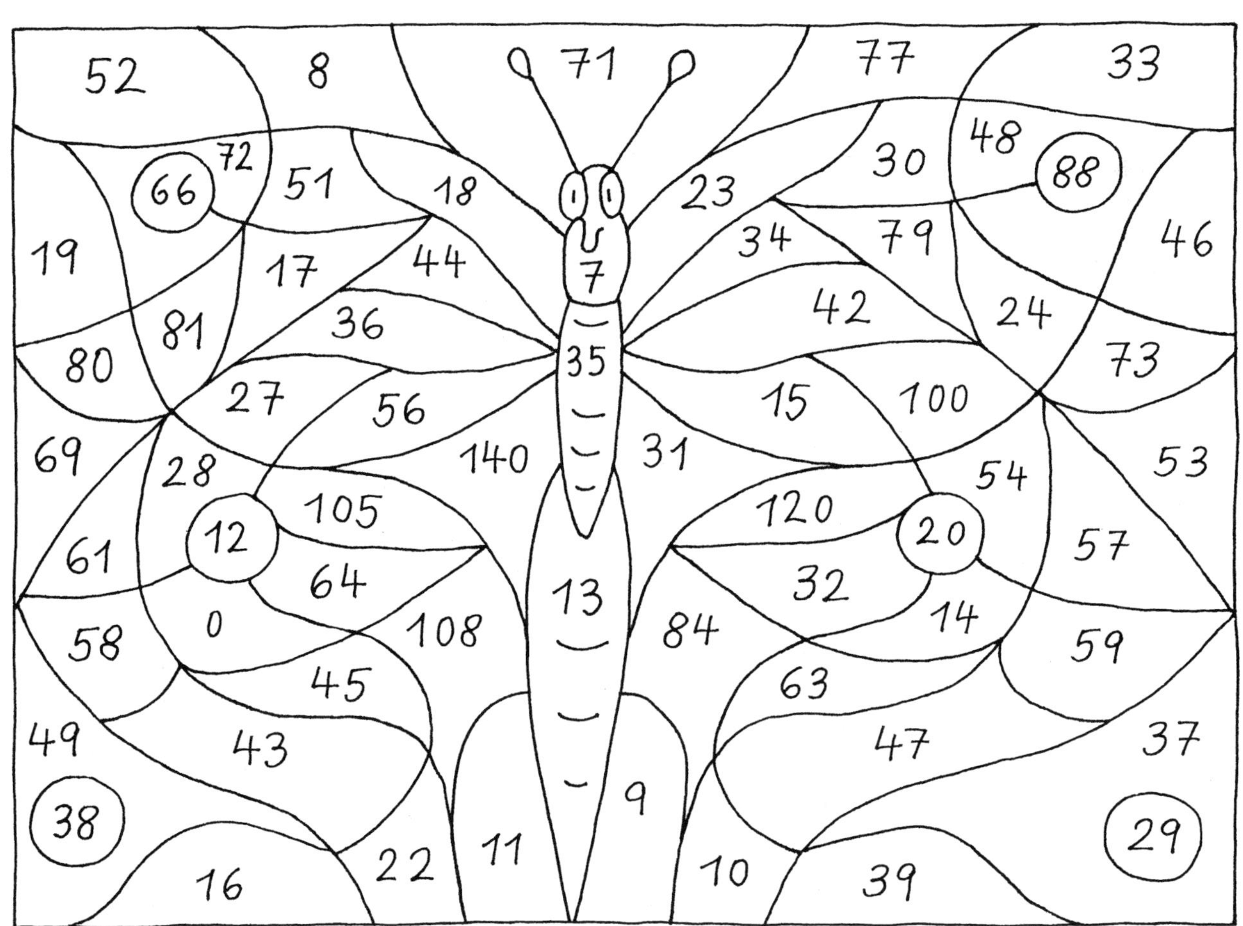

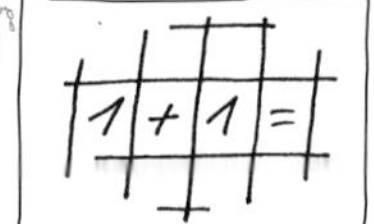

Sonnenblumen

Aus 2,5 kg Sonnenblumenkernen kann man 1 Liter Sonnenblumenöl pressen. Wie viel kg Sonnenblumenkerne werden für ½ Liter, 2 Liter, 5 Liter, 12 Liter gebraucht?

① **Fülle die Tabelle aus.**

2,5 kg Sonnenblumenkerne	1 Liter Sonnenblumenöl
	½ Liter Öl
	2 Liter Öl
12,5 kg	Öl
	12 Liter Öl

② **Im Blütenkorb einer großen Sonnenblume befinden sich rund 2800 Sonnenblumenkerne. In Mutters Garten stehen 7 solcher Sonnenblumen.**

Frage: ____________________

Rechnung:

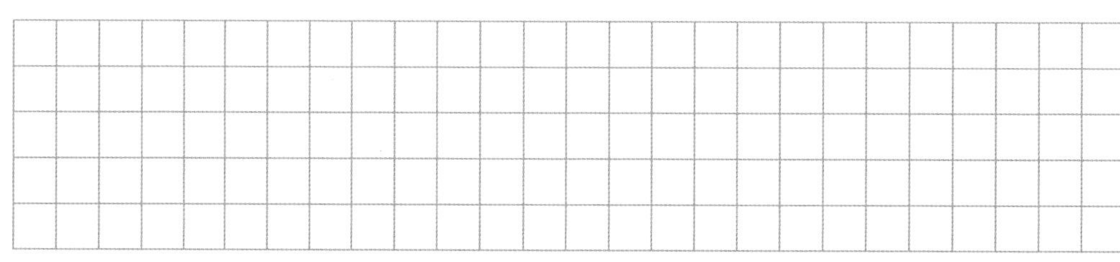

Antwort: ____________________

____

③ **Der Sommer beginnt am 21. Juni und dauert bis zum 22. September.**

a) Wie viele Tage sind das?

b) Wie viele Wochen und Tage sind das?

Rechnung:

Antworten:

a) ____________________

b) ____________________

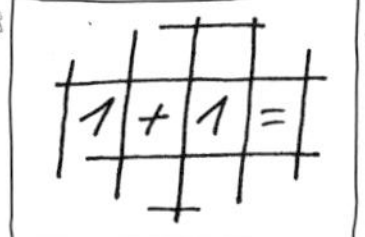

Wie viel kostet der Urlaub? 1

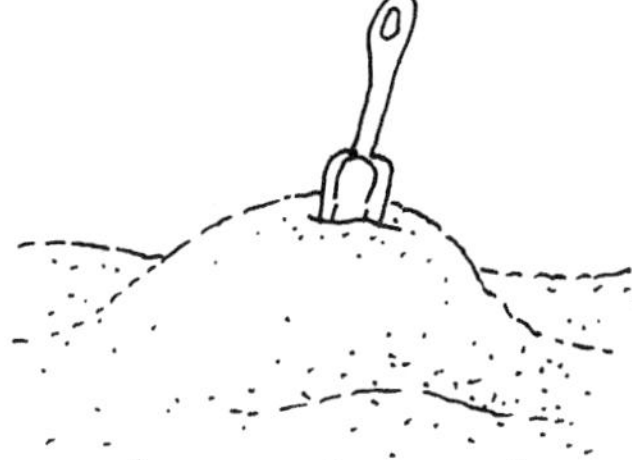

① **Zu Familie Schuster aus Frankfurt gehören Mama, Papa, Silvia, Marc und Hund Tobi. Für den Sommerurlaub ist eine 3 Wochen lange Reise an die Ostsee geplant. Mama hat eine Ferienwohnung gemietet, die 698 Euro pro Woche kostet.**

Frage: Wie viel kostet die Ferienwohnung für den ganzen Urlaub?

Rechnung:

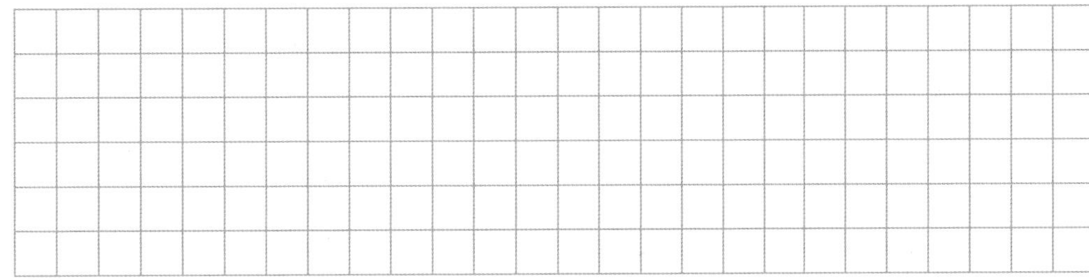

Antwort: ______________________________

② **Für jede Person beträgt die Kurtaxe 3 Euro pro Tag.**

Frage: Wie teuer ist die Kurtaxe für die ganze Familie im Urlaub?

Rechnung:

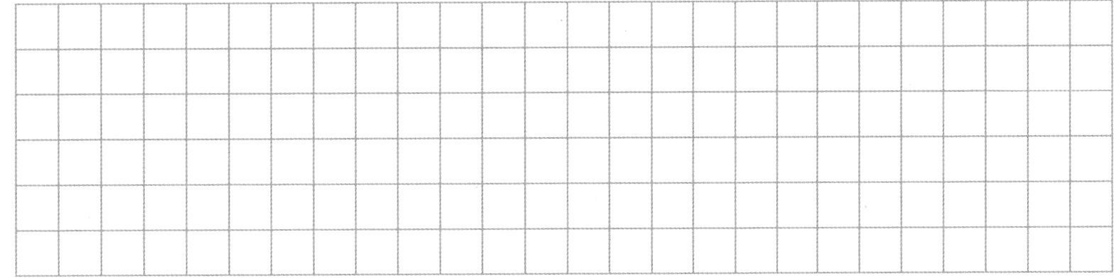

Antwort: ______________________________

③ **Für die Verpflegung (Essen, Trinken) rechnet Familie Schuster mit 15 Euro pro Person am Tag, für den Hund 1,50 Euro pro Tag.**

Frage: Was kostet die Verpflegung für die ganze Familie?

Rechnung:

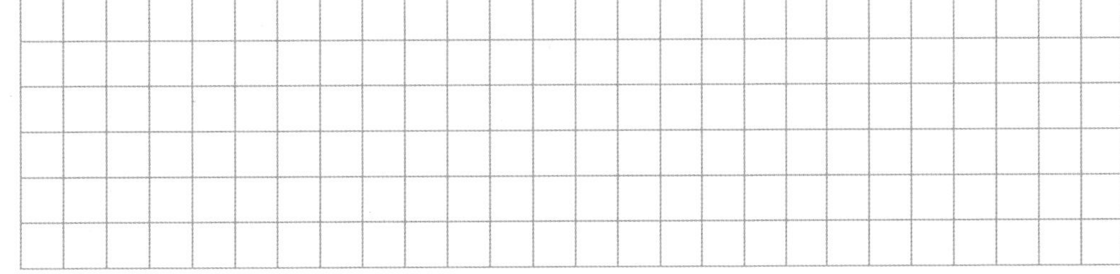

Antwort: ______________________________

Wie viel kostet der Urlaub? 2

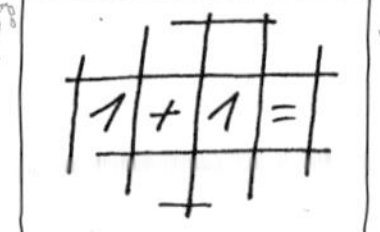

④ **Papa berechnet die Reisekosten:**
„Von Frankfurt an den Urlaubsort sind es 600 km. Auf 100 km verbraucht unser Auto 8 Liter Benzin. 1 Liter Benzin kostet 1,60 Euro."

a) Wie viel Liter Benzin verbraucht das Auto für die Hin- und Rückfahrt zusammen?

Rechnung:

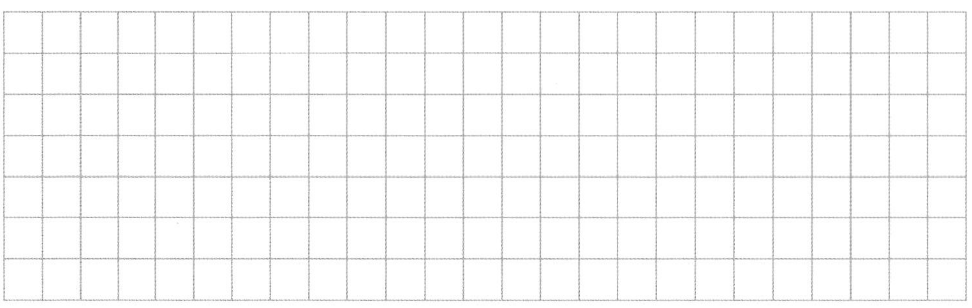

Antwort: ______________________________

b) Wie viel kostet das Benzin für Hin- und Rückfahrt?

Rechnung:

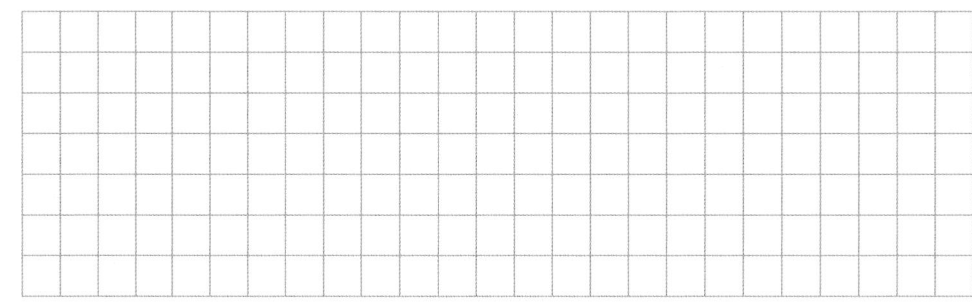

Antwort: ______________________________

⑤ **Für alle zusätzlichen Aktivitäten (Eisessen, Ponyreiten, Hallenbad, Eintritte ...) rechnet Familie Schuster mit zusätzlichen Kosten von insgesamt 500 Euro.**
Berechne die Gesamtkosten für Familie Schusters Urlaub an der Ostsee.

Rechnung:

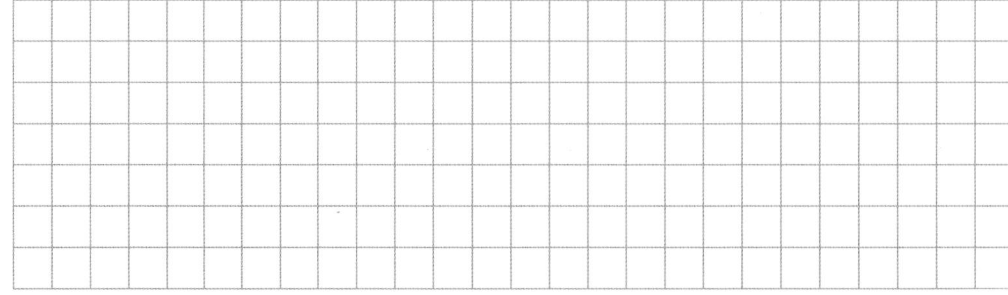

Antwort: ______________________________

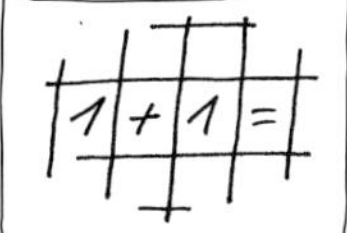

Was versteckt sich hier?

Verbinde die Ergebnisse in der Reihenfolge der Aufgaben.

1 2 + 6 = ______

2 9 – 3 = ______

3 19 – 4 = ______

4 5 + 2 = ______

5 16 – 5 = ______

6 3 + 6 = ______

7 11 – 7 = ______

8 12 + 4 = ______

9 12 – 7 = ______

10 20 – 1 = ______

11 7 + 6 = ______

12 14 – 11 = ______

13 13 + 4 = ______

14 16 – 14 = ______

15 9 + 9 = ______

16 18 – 17 = ______

17 6 + 8 = ______

18 20 – 10 = ______

19 17 + 3 = ______

20 12 – 8 = ______

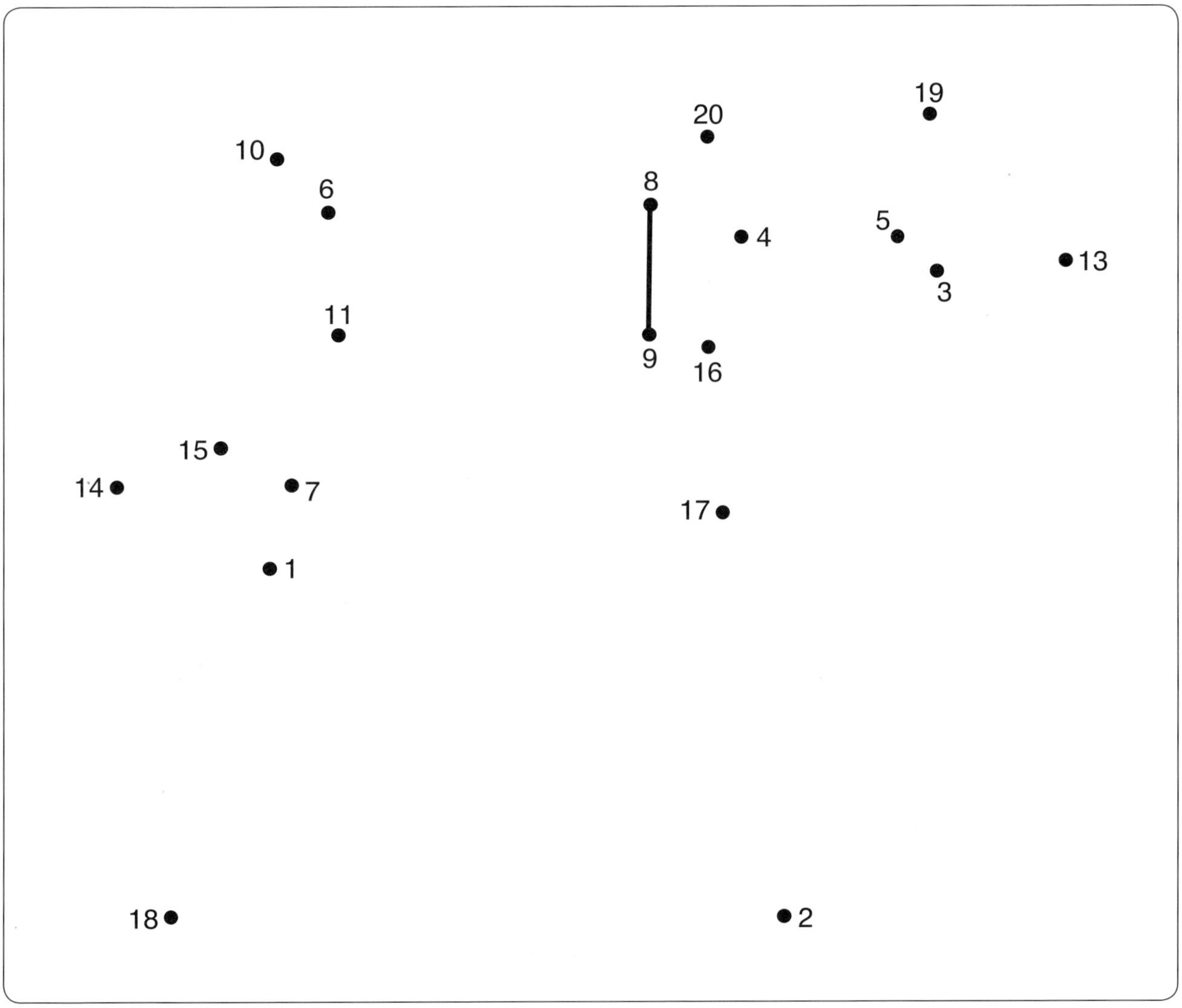

Das ist Sommer

① **Lies den Text.**

Der Sommer ist die wärmste und hellste Jahreszeit. Die Tage sind länger als die Nächte, weil die Sonne morgens früher aufgeht und abends später untergeht.
Auf der nördlichen Erdhalbkugel (also bei uns) dauert der Sommer vom 21. oder 22. Juni bis zum 22. oder 23. September (das ist der **kalendarische** Sommer).
Die Wetterforscher (Meteorologen) ordnen den Jahreszeiten immer volle Monate zu, deshalb beginnt bei ihnen der Sommer am 1. Juni (sie nennen das **meteorologischer** Sommer).
Der Sommer beginnt mit der Sommersonnenwende (auch Mittsommer genannt) am 21. Juni, das ist der längste Tag und die kürzeste Nacht des Jahres. Die Kelten nannten die Sommersonnenwende Alban Hevin.
Man unterscheidet zwischen Frühsommer, Hochsommer und Spätsommer.
Im Frühsommer blühen schon viele Sommerblumen auf den Wiesen und die Bauern bringen die erste Heuernte ein.
Im Hochsommer wird Getreide geerntet und die ersten Beerenfrüchte werden reif.
Im Spätsommer fahren die Bauern die zweite Heuernte ein.
In der heißesten Jahreszeit freuen sich die Schüler auf die Sommerferien und auch die Erwachsenen nehmen meistens Urlaub.

② **Beantworte die Fragen.**

a) Wann beginnt und endet der kalendarische Sommer bei uns?

____

____

b) Was versteht man unter dem meteorologischen Sommer?
Welche Monate gehören dazu?

____

____

____

c) Wie nannten die Kelten Mittsommer?

____

Bauernregeln 1

Als es noch keinen Wetterbericht gab, beobachteten die Bauern in der Natur Wolken, Regen, Wind und das Verhalten der Tiere. Durch verschiedene Merkmale konnten sie das Wetter über einen längeren Zeitraum voraussagen. Daraus entstanden die Bauernregeln, die auch heute noch Gültigkeit haben.

① **Erkläre die Bauernregeln mit deinen eigenen Worten.**

Regnet's im Sommer kaum, bleiben die Äpfel nicht am Baum.

____

____

____

____

Wenn kalt und nass der Juni war, verdirbt er meist das ganze Jahr.

____

____

____

____

Wenn die Schwalben schon Ende Juli ziehen, sie vor baldiger Kälte fliehen.

____

____

____

____

Fängt der August mit Hitze an, bleibt sehr lang die Schlittenbahn.

____

____

____

____

② **Kennst du auch Bauernregeln? Schreibe sie auf.**

____

____

____

Bauernregeln 2

② **Lies die Karten.**

③ **Erkläre deinem Partner die beschriebene Bauernregel.**

Mit **Schafskälte** bezeichnet man die Witterung um den 11. Juni. Manchmal gibt es einen Kaltlufteinbruch im Sommer Da können die Tage plötzlich kühl, wechselhaft und auch regnerisch sein. Dabei fallen die Temperaturen manchmal auf 5 bis 10 Grad ab. Im Gebirge ist sogar eine dünne Schneeschicht möglich.

Der Name „Schafskälte" erinnert an die jetzt schon frisch geschorenen Schafe, die in dieser Zeit ziemlich frieren. Die niedrigen Temperaturen können ihnen sogar gefährlich werden.

Das Wetter am **Siebenschläfertag** (27. Juni) wird ebenfalls in einigen Bauernregeln erwähnt. Angeblich soll das Wetter sieben Wochen lang so bleiben wie an diesem Tag.

Tatsächlich handelt es sich aber um den Gedenktag für die sieben Schläfer von Ephesus. Nach der Legende hatten sich sieben junge Christen während der Christenverfolgung in einer Höhle versteckt.

Nach ihrer Entdeckung wurden sie lebendig eingemauert. Die sieben Brüder starben aber nicht, sondern sie schliefen 195 Jahre lang. Am 27. Juni 446 fand man sie zufällig. Als sie erwachten, wurden Christen längst nicht mehr verfolgt.

Der Siebenschläfertag hat deshalb nichts mit dem Nagetier Siebenschläfer zu tun.

Mit **Hundstagen** bezeichnet man eine Schönwetterperiode vom 23. Juli bis zum 24. August. Sie sind die heißesten Tage des Jahres, da in diesem Zeitraum meistens ein Hochdruckgebiet über Mitteleuropa liegt.

Hundstage haben nichts mit Hunden zu tun, die sich bei Hitze vielleicht lieber im Schatten aufhalten. Die Bezeichnung geht auf Sirius zurück. Das ist der Hauptstern (Fixstern) des Sternbildes Großer Hund, der rein zufällig in dieser heißesten Jahreszeit mit der Sonne aufgeht.

So entsteht ein Sommergewitter

① **Lies den Text.**

② **Decke die Texte ab. Erkläre deinem Nachbarn die Bilder.**

Im Sommer wird die Erde sehr stark von der Sonne erwärmt. Dabei steigt warme, feuchte Luft nach oben in die kalten Schichten und kühlt sich ab. Bei Abkühlung entstehen kleine Wassertropfen (die Luft „kondensiert").

Die Wassertröpfchen werden als Wolke sichtbar.

Je mehr feuchte Luft aufsteigt, umso dicker werden die Wolken. Man nennt sie Kumulonimbus-Wolken.

An der oberen Seite der Wolke gefrieren die Wassertröpfchen zu Eiskristallen, die an den unteren Rand der Wolke fallen.

Immer weiter aufsteigender Wasserdampf reibt sich an den Eiskristallen. Es entsteht ein Kreislauf aus fallenden und aufsteigenden Wassertröpfchen und Eiskristallen.

Dabei bilden sich positiv (+) und negativ (–) geladene Tropfen.

Durch die Reibung entsteht elektrische Spannung.
Sie entlädt sich in einem Blitz.

Die schweren Eiskristalle fallen als Regen oder Hagel auf die Erde.

So verhältst du dich bei Gewitter richtig

Wenn du dich bei Gewitter im Freien aufhältst, achte darauf, dass du nicht der höchste Punkt bist (gehe ins Tal oder in eine Mulde).

Geh in die Hocke und umfasse deine Beine mit den Armen (mach dich klein).

Stelle dich nie unter Bäume (hoher Punkt).

Lege dich nie flach auf den Boden (die Berührungsfläche mit dem Boden muss so klein wie möglich sein).

Berühre keine andere Person (trifft der Blitz die andere Person, trifft er auch dich).

Benütze keinen Regenschirm.
Fasse keine Metallgeländer, Metallleitern oder feuchte Felswände an (Metall und Wasser leiten die Elektrizität).

Verlasse sofort das Schwimmbecken oder den See (Wasser leitet den Strom).

Der sicherste Ort ist ein Haus mit einem Blitzableiter. Ziehe trotzdem alle Stecker aus der Steckdose und berühre nichts, was mit dem Stromnetz verbunden ist.

Auch das Auto mit Metallkarosserie ist ein sicherer Ort, aber schließe die Fenster und Türen.

Verhalten bei Gewitter – Quiz

	richtig	falsch
Vor dem Regen suche ich unter einer kleinen Baumgruppe Schutz.	☐	☐
Ich mache mich klein.	☐	☐
Ich springe in den Pool, um mich abzukühlen.	☐	☐
Ich gehe ins Tal.	☐	☐
Gegen den heftigen Regen öffne ich meinen Regenschirm.	☐	☐
Meine kleine Schwester hat Angst vor Gewitter. Ich nehme sie an die Hand.	☐	☐
Ich schalte den Fernseher aus und ziehe den Stecker aus der Steckdose.	☐	☐
Ich bleibe im Auto sitzen und öffne die Fenster weit, weil es so schwül ist.	☐	☐
Damit ich den Donner nicht höre, drehe ich das Radio laut auf.	☐	☐

Eine einfache Sonnenuhr bauen

Sonnenuhren wurden schon seit der Antike gebaut und dienten der ungefähren Bestimmung der Ortszeit. Der Schatten eines senkrecht stehenden Stabes zeigt die Stunden an. Natürlich kann eine Sonnenuhr nur funktionieren, wenn die Sonne auch scheint.

Material:

Blumentopf

langer dünner Stab

wasserfester Filzstift

Sand, Erde oder kleine Steinchen

Uhr

- Halte den Stab senkrecht in der Mitte des Blumentopfes fest.
- Fülle den Topf mit Sand, Erde oder kleinen Steinchen, sodass der Stab senkrecht stehen bleibt.
- Stelle den Topf an einen Ort (Terrasse, Garten …), an den lange die Sonne hinkommt.
- Lass den Topf von jetzt an immer an der gleichen Stelle stehen und drehe ihn nicht.
- Schau zur vollen Stunde auf deine Uhr und mach da am Rand deines Topfes einen Strich, wo gerade der Schatten des Stabes hinfällt.
- Schreibe die Uhrzeit dazu.
- Nach jeder weiteren vollen Stunde markierst du wieder den Schatten des Stabes und schreibst die Uhrzeit auf.
- Wenn die Sonne untergeht und der Stab keinen Schatten mehr wirft, hast du genügend Striche gemacht.
- Am nächsten sonnigen Tag kannst du schon die richtige Ortszeit ablesen.

Früchte des Sommers

Wir können unser heimisches Obst in die Gruppen Steinobst, Kernobst und Beerenobst unterteilen.

Merkmale:
Steinobst hat in der Mitte einen **Stein**.
Kernobst hat im Inneren ein **Gehäuse mit Kernen**.
Beerenobst hat kleine **Kernchen auf der Haut oder im Inneren**.

Trage mit einem Partner die Obstsorten in die Tabelle ein.

Weintrauben

Apfel

Johannisbeeren

Nektarine

Himbeeren

Erdbeeren

Stachelbeeren

Pfirsich

Birne

Mirabelle

Pflaume

Aprikose

Brombeeren

Kirsche

Heidelbeeren

Kernobst	Steinobst	Beerenobst

Domino: Sommerobst 1

Anfang		Kirschen	
Pflaumen		Aprikosen	
Weintrauben		Brombeeren	
Himbeeren		Heidelbeeren	
Erdbeeren		Mirabellen	

Domino: Sommerobst 2

Äpfel		Stachelbeeren	
Johannisbeeren		Nektarinen	
Pfirsiche		Birnen	
Melone		Rhabarber	**Ende**

Rote Grütze selbst gemacht

Warst du schon einmal in Norddeutschland? Dort gibt es im Sommer eine besondere Spezialität: die rote Grütze. Am leckersten wird sie, wenn man sie aus frischen Früchten des Sommers zubereitet. Das Rezept ist kinderleicht. Probier es doch mal aus.

Für vier Personen brauchst du:

300 g rote Johannisbeeren

200 g Sauerkirschen

200 g Himbeeren

100 g Zucker

30 g Speisestärke

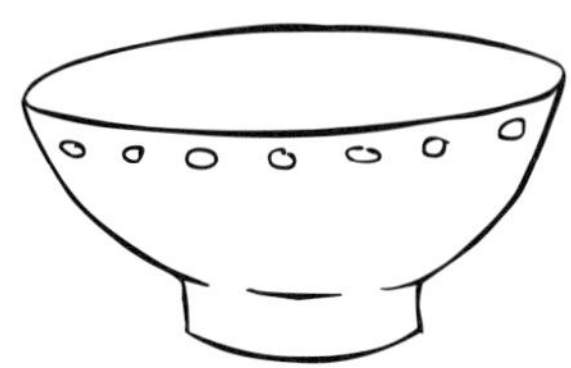

So wird es gemacht:

1. Johannisbeeren und Kirschen waschen und Kirschen entsteinen.
2. Himbeeren waschen.
3. Früchte mit Zucker und etwas Wasser aufkochen.
4. Etwa 10 Minuten leicht köcheln lassen, dabei immer wieder umrühren.
5. Speisestärke in wenig kaltem Wasser oder Fruchtsaft anrühren und zur Beerenmasse geben.
6. Nochmals so lange aufkochen, bis die Beerenmasse dick wird.
7. Rote Grütze in eine Schüssel füllen und kalt stellen.

Wenn die rote Grütze kalt ist, kannst du sie mit Vanillesoße, Vanilleeis oder süßer Milch auf Dessertschalen anrichten.

Guten Appetit!

Sommergemüse

Kennst du die Gemüsesorten, die bei uns im Sommer wachsen? Beschrifte.

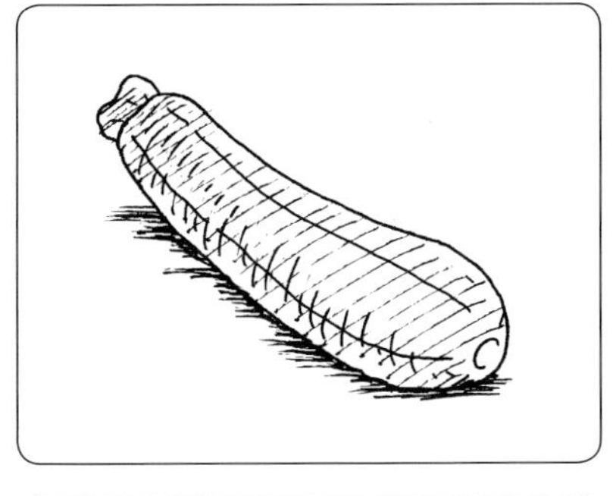

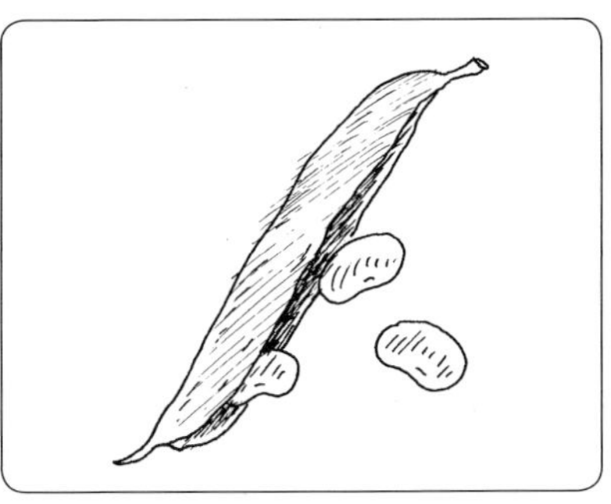

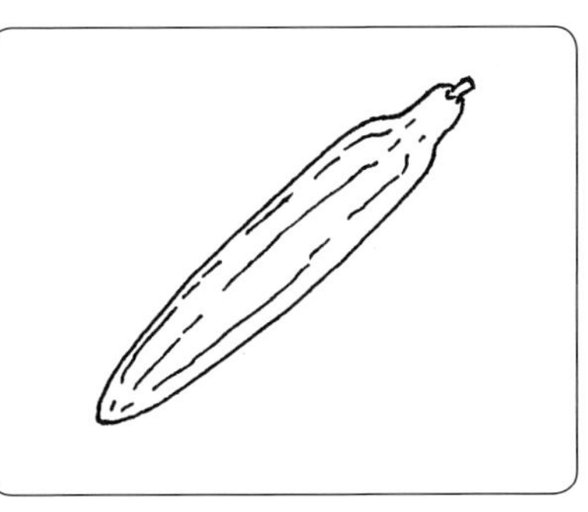

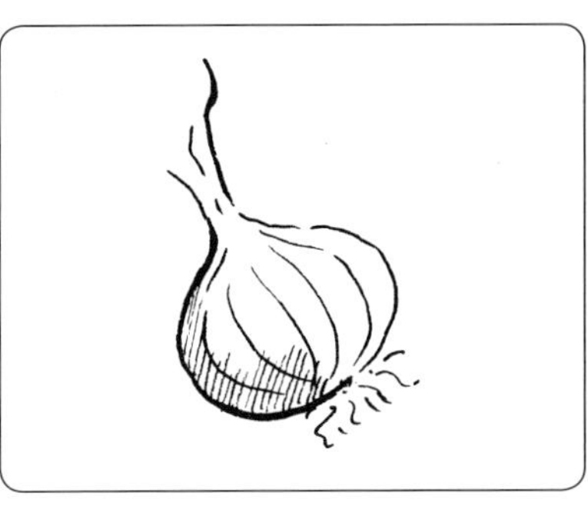

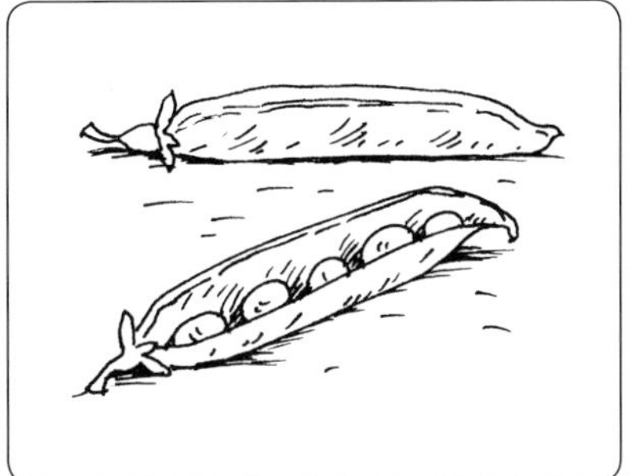

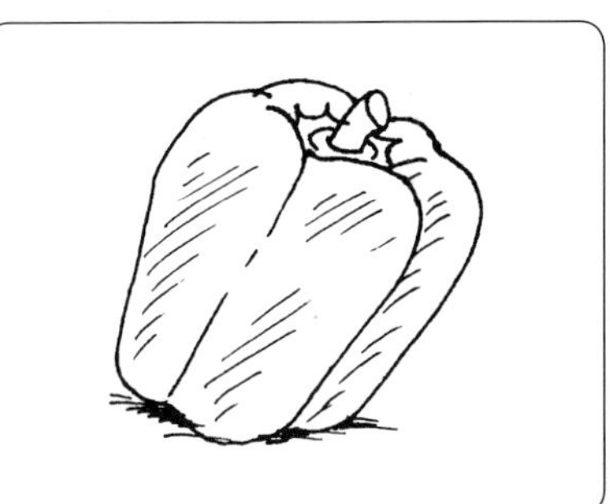

Memo: Gemüse

	Gurke		Tomate
	Paprika	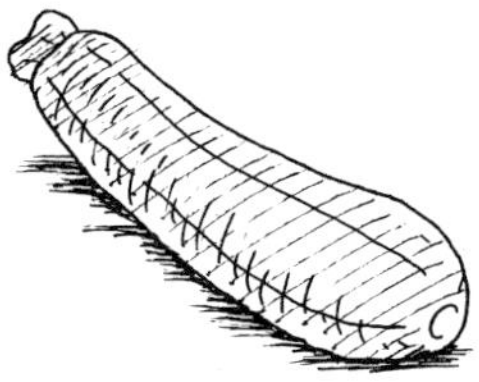	Zucchini
	Kohlrabi		Radieschen
	Rettich		Bohnen
	Erbsen		Zwiebel

Schmetterlinge Info

① **Lies den Text.**

Schmetterlinge werden auch Falter genannt. Sie sind die auffälligsten Insekten. Wir unterscheiden Tag- und Nachtfalter. Der Körper der Schmetterlinge besteht aus drei Teilen: Kopf, Brust, Hinterleib. Sie haben zwei Vorder- und zwei Hinterflügel und einen langen Saugrüssel, den sie tief in Blütenkelche schieben können, um Nektar zu saugen. Mit ihren Fühlern ertasten oder erriechen sie die richtige Futterpflanze für ihre Raupen.

Ein Weibchen legt zwischen 40 und 300 Eier, aus denen Raupen schlüpfen. Sie haben Augen und Kiefer. Mit drei Paar Brustbeinen, vier Paar Bauchfüßen und einem Paar Nachschieber am Körperende bewegen sie sich vorwärts. Vor dem Nachschieberpaar befinden sich Atemöffnungen.

Die meisten Raupen können nur auf ganz bestimmten Futterpflanzen überleben. Sie sind sehr gefräßig und beginnen sofort zu fressen. Da ihre Haut schnell zu eng wird, müssen sie sich mehrmals häuten. Dabei platzt die Haut auf, aber darunter liegt bereits eine neue. Nach einiger Zeit verpuppen sich die Raupen. An den Puppen kann man schon Rüssel, Fühler, Augen und Flügel erkennen. Allmählich wird die Haut der Puppe immer dünner und der fertige Schmetterling schlüpft heraus. Seine Flügel sind feucht und zerknittert. Nach kurzer Zeit werden die Flügel fest und der Schmetterling kann losfliegen.

② **Verbinde die Wörter mit dem Bild.**

So entwickelt sich ein Schmetterling 1

① Schneide Wort-, Bild- und Textkarten von der nächsten Seite aus.

② Klebe sie auf.

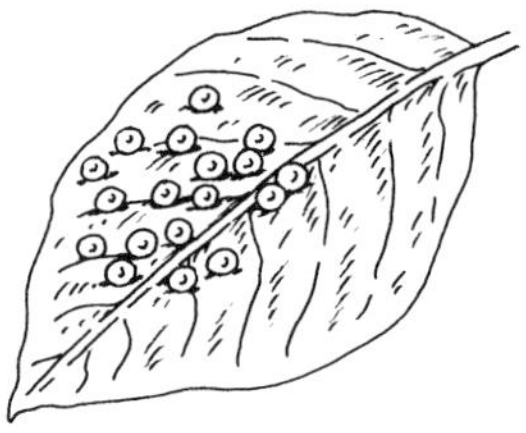

So entwickelt sich ein Schmetterling 2

Wird das Weibchen befruchtet, kann es wieder Eier legen und die Entwicklung eines neuen Schmetterlings beginnt von Neuem.	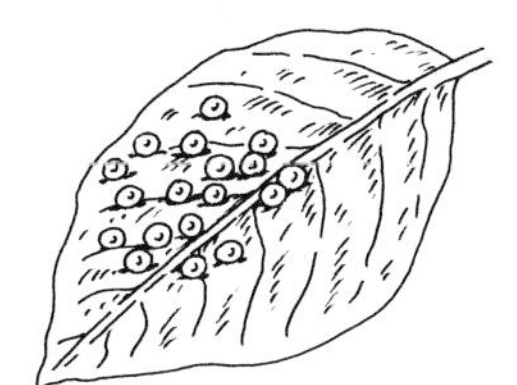	Puppe
		Schmetterling
		Ei
		Raupe
Aus jedem Ei schlüpft eine Raupe und frisst die Eihülle auf. Sie ist sehr gefräßig. Weil sie so viel frisst, wird ihre Haut bald zu eng und sie häutet sich mehrmals. Dann verpuppt sie sich.		
Die Puppe nimmt keine Nahrung mehr auf. In der Puppenhülle verwandelt sich die Raupe. Am Ende sprengt ein fertig ausgebildeter Schmetterling die Hülle.		
Ein Weibchen legt zwischen 40 und 300 Eier auf eine bestimmte Futterpflanze.		

Körperbau einer Schmetterlingsraupe

Ordne den Wörtern die richtige Nummer aus dem Bild zu.

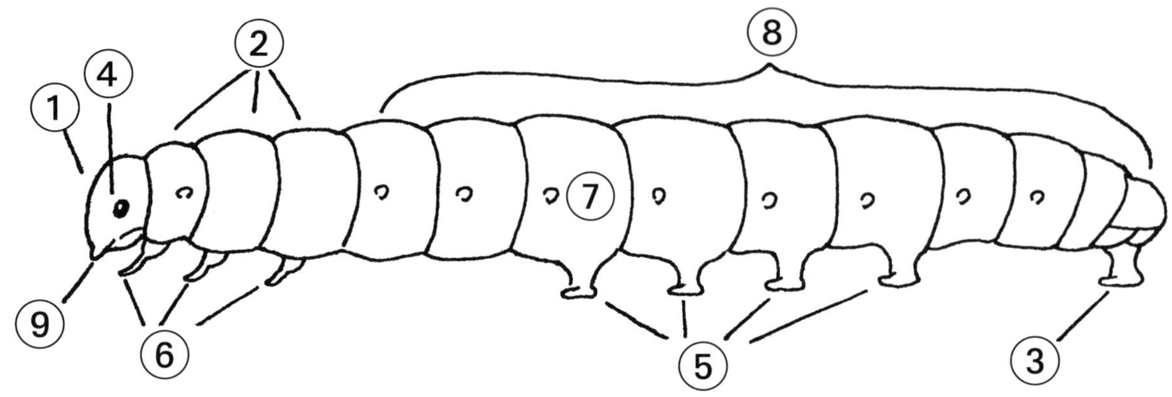

	Brustbeine		Brust		Bauchbeine
	Kopf		Hinterleib		Kiefer
	Nachschieber		Augen		Atemlöcher

Körperbau einer Schmetterlingspuppe

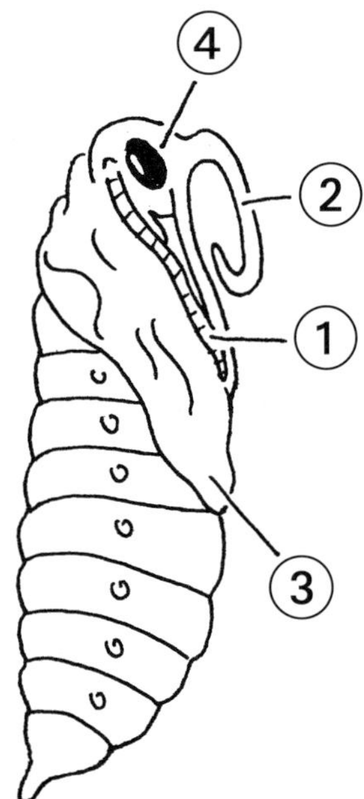

	Fühler
	Auge
	Flügel
	Saugrüssel

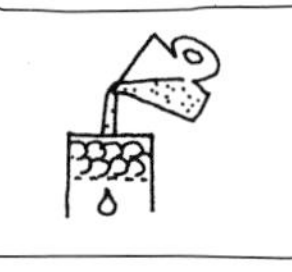

Wiesenblumen-Leporello

Klebefläche

Name: **Löwenzahn**
Standort: **Wiesen, Wegränder**
Blütezeit: **April bis September**
Höhe: **10 bis 40 cm**
Blüten: **gelb**

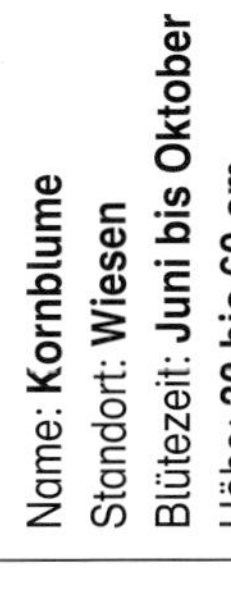

Name: **Kornblume**
Standort: **Wiesen**
Blütezeit: **Juni bis Oktober**
Höhe: **30 bis 60 cm**
Blüten: **blau**

Name: **Hornklee**
Standort: **halbtrockene Wiesen**
Blütezeit: **Mai bis September**
Höhe: **5 bis 30 cm**
Blüten: **goldgelb**

Name: **Wiesenflockenblume**
Standort: **Wiesen, Wegränder**
Blütezeit: **Juni bis Oktober**
Höhe: **30 bis 100 cm**
Blüten: **lila**

Name: **Hahnenfuß**
Standort: **feuchte Wiesen**
Blütezeit: **Mai bis September**
Höhe: **15 bis 50 cm**
Blüten: **goldgelb glänzend**

Name: **Wiesenschaumkraut**
Standort: **feuchte Wiesen**
Blütezeit: **Mai bis September**
Höhe: **30 bis 60 cm**
Blüten: **weiß**

Name: **Wiesen-Glockenblume**
Standort: **feuchte Wiesen**
Blütezeit: **Mai bis Juli**
Höhe: **30 bis 60 cm**
Blüten: **blauviolett**

Name: **Margerite**
Standort: **Wiesen, Weiden**
Blütezeit: **Mai bis Oktober**
Höhe: **20 bis 80 cm**
Blüten: **weiß**

Name: **Beinwell**
Standort: **feuchte Wiesen**
Blütezeit: **Mai bis September**
Höhe: **30 bis 100 cm**
Blüten: **hellviolett, gelbweiß**

Name: **Klatschmohn**
Standort: **Wiesen, Getreidefelder**
Blütezeit: **Mai bis September**
Höhe: **30 bis 80 cm**
Blüten: **rot**

Suche Wiesenblumen, presse sie, klebe sie auf, beschrifte.

Mein Wiesenblumen-Buch

Name: ______________________

Klebefläche

Name:

Wo gefunden?

Wann gefunden?

Klebefläche

Name:

Wo gefunden?

Wann gefunden?

Klebefläche

Name:

Wo gefunden?

Wann gefunden?

Honigbienen 1

Bienen gehören wie Schmetterlinge zur großen Gruppe der Insekten.
Ihr Körper besteht aus drei Teilen: Kopf (mit Augen, Fühlern, Kiefer und Rüssel), Brust (mit vier Flügeln und sechs Beinen), Hinterleib (mit Giftstachel).

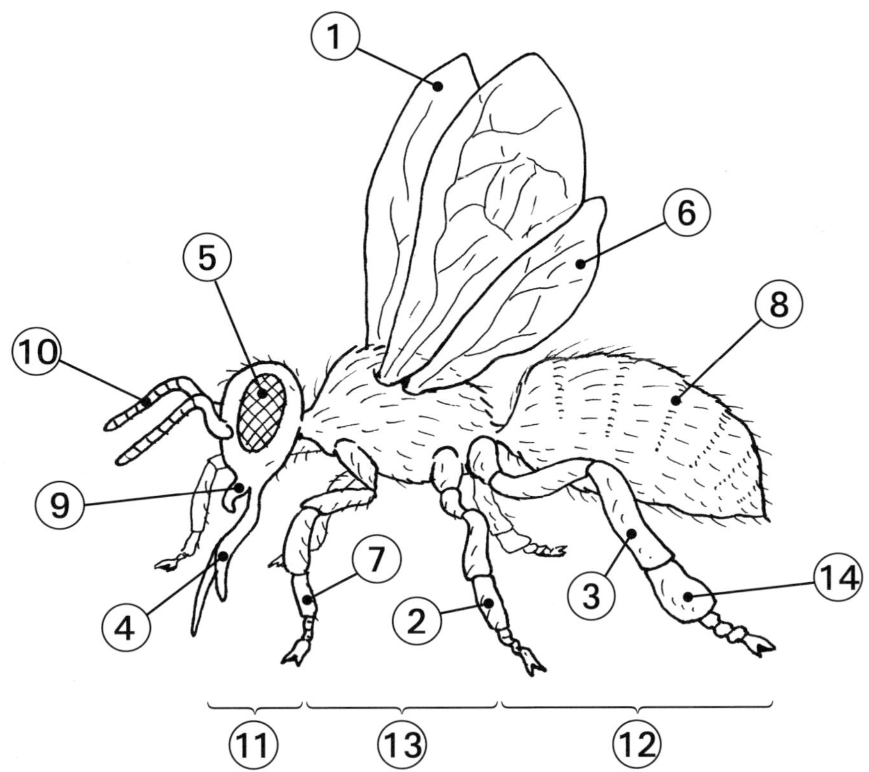

① **Trage die Zahlen ein.**

	Körbchen		Brust
	Fühler		Rüssel mit Zunge
	Atemloch		Hinterflügel
	Auge		Hinterbein
	Vorderflügel		Kiefer
	Hinterleib		Kopf
	Mittelbein		Vorderbein

Honigbienen 2

② **Lies den Text.**

Honigbienen leben in einem Volk (Staat) mit 40 000 bis 70 000 Tieren zusammen. Zu jedem Staat gehören eine Königin, viele Arbeiterinnen und einige Drohnen.

Arbeiterin 12 bis 15 mm lang lebt etwa 6 Wochen	Königin 16 bis 20 mm lang lebt 3 bis 5 Jahre	Drohne 14 bis 18 mm lang lebt nur kurz

Die Aufgaben in einem Bienenstaat sind genau festgelegt:

Die **Königin** steigt mit den **Drohnen** (das sind die männlichen Bienen) zum Hochzeitsflug auf und wird von ihnen befruchtet. Diesen Hochzeitsflug gibt es nur einmal im Leben einer Königin. Deshalb speichert sie den Samen in einer Samentasche, denn er muss ja für ihr restliches Leben ausreichen. Von nun an sorgt die Königin für den Fortbestand ihres Bienenvolkes, indem sie täglich etwa 2 000 Eier ablegt.

Die **Arbeiterin** muss im Lauf ihres Lebens eine bestimmte Reihenfolge von Aufgaben erledigen: Brutzellen reinigen, Larven füttern, Waben bauen und ausbessern, Wachdienst am Flugloch halten. Wenn sie alle Stationen durchlaufen hat, wird sie zur Pollensammlerin.
Sie saugt Nektar aus den Blütenkelchen der Pflanzen in ihren Honigmagen. Außerdem sammelt sie Blütenpollen (Blütenstaub) in den Körbchen (auch Höschen genannt) an den Außenseiten ihrer Hinterbeine.
In den Härchen am Körper bleiben ebenfalls Pollen hängen. Wenn die Biene nun auf eine andere Blüte fliegt, verliert sie etwas von dem Blütenstaub. So werden viele Pflanzen bestäubt und können Früchte ausbilden.
Durch tänzelnde Bewegungen teilen sich die Bienen untereinander Richtung und Entfernung einer Nahrungsquelle mit.
Zurück im Bienenstock werden Nektar und Pollen an jüngere Arbeiterinnen übergeben, die sie in die Waben füllen und mit einem Deckel verschließen.

Wenn es kälter wird, drängen sich die Bienen im Stock eng zusammen und halten eine Art Winterruhe. Sie haben genügend Vorräte gesammelt, um ihr Volk den Winter über zu ernähren.

Honigbienen 3

③ **Teste dein Wissen.**

1. Bienen sind ☐☐☐☐☐☐☐☐.

2. Am Hinterleib der Bienen befindet sich ein ☐☐☐☐☐☐☐☐☐☐☐.

3. Den Blütenstaub nennt man auch ☐☐☐☐☐☐.

4. Honigbienen leben in einem ☐☐☐☐☐.

5. Männliche Bienen nennt man ☐☐☐☐☐☐☐.

6. In einem Bienenvolk gibt es nur eine ☐☐☐☐☐☐☐.

7. Die Königin speichert den ☐☐☐☐☐ in einer Samentasche.

8. Die Honigbiene saugt ☐☐☐☐☐☐ aus den Blütenkelchen.

9. Im ☐☐☐☐☐☐☐☐ werden Blütenpollen gesammelt.

10. Nektar und Pollen werden im Bienenstock in ☐☐☐☐☐ gefüllt.

Wissenswertes über Sonnenblumen

Die Sonnenblume stammt aus Nordamerika und Mexiko. Sie gelangte im 16. Jahrhundert nach Europa.

Die Blüte der Sonnenblume besteht aus einem großen **Blütenkorb** mit langen gelben **Zungenblüten** am Rand und kleinen gelben und braunen **Röhrenblüten** in der Mitte.

Sonnenblumen blühen von Juli bis Oktober und benötigen viel Dünger und Wasser.

Sonnenblumenkerne werden im September geerntet. Sie haben eine schwarze, braune oder gestreifte Schale. Darin befindet sich der Samen.

Aus Sonnenblumenkernen wird Öl, Margarine und Mayonnaise hergestellt.

Die Samen der Sonnenblume enthalten viel Öl, Eiweiß, Mineralstoffe und Vitamine.

Zum Pressen von 1 Liter Sonnenblumenöl braucht man 2,5 kg Kerne.

Sonnenblumen sind einjährige Pflanzen, das heißt, ihr Samen muss jedes Jahr neu gesteckt werden. Oft picken Vögel mehr Kerne aus dem Blütenkorb, als sie fressen können. Die restlichen Kerne lassen sie fallen. Aus ihnen können im nächsten Jahr neue Blumen wachsen. Manchmal kommt es auch vor, dass die Sonnenblume abknickt, dann fallen die Kerne auf die Erde und können neu keimen.

Sonnenblumen gibt es in verschiedenen Größen (von 20 cm bis 4,80 m) und Farben (von leuchtend gelb, orange bis rot-gelb).

Die Blüte der Sonnenblume richtet sich tagsüber nach der Sonne, das bedeutet, sie wendet ihre Blüte dorthin, wo die Sonne gerade steht.

Ungeschält dienen Sonnenblumenkerne als Vogelfutter. Geschälte Kerne findest du in Müsli, in Süßigkeiten und in Knabberartikeln.

Aufbau Sonnenblumen 1

① **Schneide die Textkarten aus.**

② **Klebe sie an die richtige Stelle der Sonnenblume.**

Aufbau Sonnenblumen 2

Der kräftige **Stängel** trägt den Blütenkorb.	Der **Blütenkorb** schützt die Blüten.	Leuchtende **Zungenblüten** locken Insekten und Vögel an.
Große **Blätter** leiten das Regenwasser zu den Wurzeln.	Reife **Sonnenblumenkerne** sind Samen für neue Blumen.	
Die **Wurzeln** nehmen Wasser und Nährstoffe aus dem Boden auf. Eine 2 bis 3 m lange Pfahlwurzel gibt der Sonnenblume Halt.	Gelbe und braune **Röhrenblüten** bilden nach der Bestäubung die Kerne aus. Aus jeder Röhrenblüte entsteht ein Sonnenblumenkern.	

Der kräftige **Stängel** trägt den Blütenkorb.	Der **Blütenkorb** schützt die Blüten.	Leuchtende **Zungenblüten** locken Insekten und Vögel an.
Große **Blätter** leiten das Regenwasser zu den Wurzeln.	Reife **Sonnenblumenkerne** sind Samen für neue Blumen.	
Die **Wurzeln** nehmen Wasser und Nährstoffe aus dem Boden auf. Eine 2 bis 3 m lange Pfahlwurzel gibt der Sonnenblume Halt.	Gelbe und braune **Röhrenblüten** bilden nach der Bestäubung die Kerne aus. Aus jeder Röhrenblüte entsteht ein Sonnenblumenkern.	

Sonnenblumen-Faltbuch

Mein Sonnenblumen-Tagebuch

Erster Tag

1. Fülle Erde in einen Blumentopf. Stecke den Sonnenblumenkern hinein.
2. Bedecke ihn locker mit Erde. Gieße die Erde vorsichtig an.
3. Stelle den Topf an ein helles Fenster.
4. Kontrolliere alle zwei bis drei Tage mit dem Finger, ob die Erde noch feucht ist.

So sieht der Sonnenblumenkern aus:

Nach einer Woche

So sieht meine Sonnenblumen-Pflanze jetzt aus:

Datum:

Nach zwei Wochen

So sieht meine Sonnenblumen-Pflanze jetzt aus:

Datum:

Nach drei Wochen

So sieht meine Sonnenblumen-Pflanze jetzt aus:

Datum:

Nach vier Wochen

So sieht meine Sonnenblumen-Pflanze jetzt aus:

Datum:

Nach fünf Wochen

So sieht meine Sonnenblumen-Pflanze jetzt aus:

Datum:

Nach ____ Wochen

So sieht meine Sonnenblumen-Pflanze jetzt aus:

Datum:

Urlaub zu Hause

Wenn du deinen Urlaub mit deiner Familie zu Hause verbringst, muss das nicht langweilig sein. Ihr könnt Tagesausflüge zu Fuß, mit dem Fahrrad, mit dem Auto, mit dem Bus, mit der Bahn … machen.
Erkunde deine nähere Umgebung nach Freibädern, Seen, Bergen, Museen, Freizeitparks, Burgen, Schlössern, Zoos, Wildparks, Sommerveranstaltungen ….

Schreibe auf, welche Tagesausflüge du gerne machen würdest oder schon gemacht hast.

Unsere Urlaubsländer

In welches Land in Europa bist du schon einmal gereist oder würdest du gerne reisen?

① **Suche das Land in einem Atlas und färbe es auf der Karte ein.**

② **Was weißt du über das Land?**

Hauptstadt: ______________________________

Sprache: ______________________________

Wo hast du gewohnt? ______________________________

Wie kamst du hin? ______________________________

Was hast du dort getan? ______________________________

Was hast du dort besonders gern gegessen? ______________________________

Europa-Rätsel

① Schreibe die europäischen Urlaubsländer auf.

② Suche aus einem Atlas oder aus dem Internet die Hauptstädte und schreibe sie dahinter.

											Ö			
F			N		R				H					
											R			I
			A								R			
							P					N		
						C								
				T										
					Ä					R				

Schmetterlinge selbst gestalten

Schmetterlinge bieten sich hervorragend für verschiedene Bilder an:

Zeichne auf ein weißes Papier einen Schmetterling.
Achte darauf, dass die Flügel aus vielen Einzelflächen bestehen, damit du sie später bunt ausmalen kannst.
Deinen Schmetterling kannst du nun auf verschiedene Arten weiter verarbeiten.

Vorschlag 1: Rundes Seidenfensterbild

- Lege deine Vorlage unter ein rundes Seidenbild. Klebe das Papier am besten am Rand mit Klebestreifen fest.
- Übertrage die Linien mit einem weichen Bleistift auf die Seide.
- Entferne das Vorlagenpapier.
- Ziehe die Linien mit Konturenfarbe nach. Lass die Farbe gut trocknen.
- Fülle nun die Flächen des Schmetterlings mit Seidenfarben.
- Wenn das Bild getrocknet ist, befestige einen Nylonfaden als Aufhänger und hänge das Bild in das Fenster oder an die Decke vor einem Fenster.

Vorschlag 2: Window colour

- Lege dein Bild unter eine glatte durchsichtige Plastikfolie (das kann eine Frischhaltefolie aus der Küche sein, eine Gefriertüte oder eine Klarsichtmappe). Befestige das Papier, damit es nicht verrutschen kann.
- Ziehe die Linien mit window colour Konturenfarbe nach und lass sie mindestens 2 bis 3 Stunden trocknen.
- Fülle die Flächen dick mit bunten window-colour-Farben.
- Lass dein Bild gut trocknen (das dauert mindestens einen Tag).
- Ziehe den Schmetterling vorsichtig von der Folie ab und klebe ihn ohne Klebstoff an eine saubere Fensterscheibe.

Vorschlag 3: Transparentpapier-Fensterbild

Dieser Schmetterling sollte mindestens so groß wie eine Schulheftseite sein.

- Ziehe zu jeder Linie deiner Vorlage noch eine zweite, so dass Stege zum Ankleben des Transparentpapiers entstehen.
- Schneide mit einer spitzen Schere die Flächen zwischen den Stegen aus. Achte darauf, dass du die Stege nicht durchschneidest.
- Hinterklebe die Flächen des Schmetterlings mit farbigem Transparentpapier.
- Nun kannst du deinen Schmetterling mit Klebestreifen an ein Fenster kleben.

Ameisen auf dem Weg zur Futterquelle (Fingerdruck)

Du brauchst:

- Zeichenblock DIN A3
- Wasserfarben, dicker Pinsel oder kleiner Schwamm
- Werbeprospekt von Lebensmitteln
- Schere, Klebestift
- dünner schwarzer Filzstift

So wird es gemacht:

① Grundiere ein Blatt deines Zeichenblockes mit wässrigem Hellgrün, Hellgrau oder Hellbraun (am besten geht das mit einem kleinen Schwamm oder einem sehr dicken Pinsel).

② Nimm einen Werbeprospekt von einem Lebensmittelmarkt und schneide ein kleines Bild aus, auf dem etwas zu sehen ist, das Ameisen gerne mögen (Fleisch, Apfel, Birne, Weintrauben …)

③ Klebe dieses Bildchen in eine Ecke oder in die Mitte deines grundierten Zeichenblattes.

④ Mit dem Finger und sehr wenig Wasser machst du nun einen Abdruck in Braun oder Schwarz auf das Bild. Das ist der Hinterleib einer Ameise. Drucke nun den Brustteil. Für den Kopf nimmst du am besten den kleinen Finger.

⑤ Lass viele Ameisen vom Rand des Bildes zur Futterquelle laufen. Denke daran, dass sie sich an der Futterquelle sammeln. Manche Ameisen kann man ganz sehen, andere werden teilweise von ihren Kameraden verdeckt.

⑥ Anschließend zeichnest du mit einem dünnen schwarzen Filzstift oder einem Bleistift die sechs Beine und die beiden Fühler an die Ameisen.

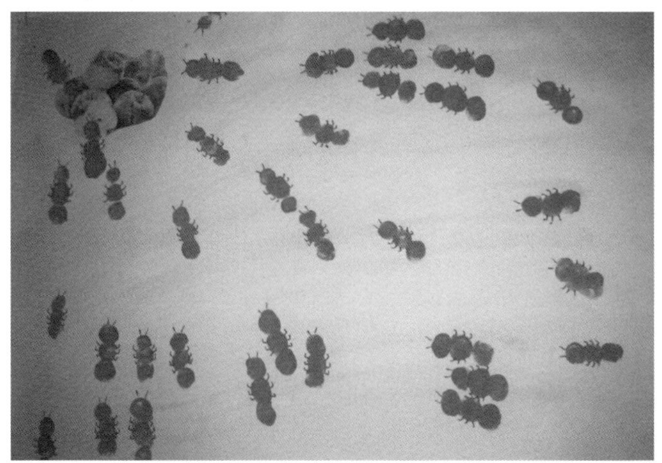

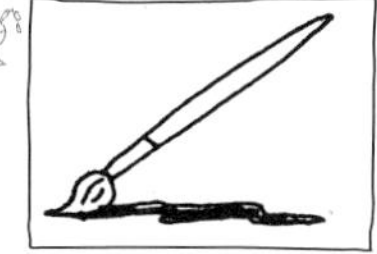

Sonnenblumenfeld (Gemeinschaftsarbeit)

Du brauchst:

- 1 großes Stück Sisal- oder Jutestoff
- 2 Bambusstäbe zum Einhängen des Stoffes (oben und unten)
- gelber Bast für die Blütenblätter
- grüner Filzstoff für die Blätter
- dicke grüne Schnüre oder dicke Wolle für die Stängel

Für jeden Schüler:

- 1 brauner Gardinenring aus Holz, Durchmesser ca. 4 bis 5 cm
- 1 braunes Filzquadrat, ca. 5 mal 5 cm
- 1 Quadrat aus braunem Tonpapier, ca. 5 mal 5 cm
- etwas Bastelwatte (oder anderes Material zum Ausstopfen)

So wird es gemacht:

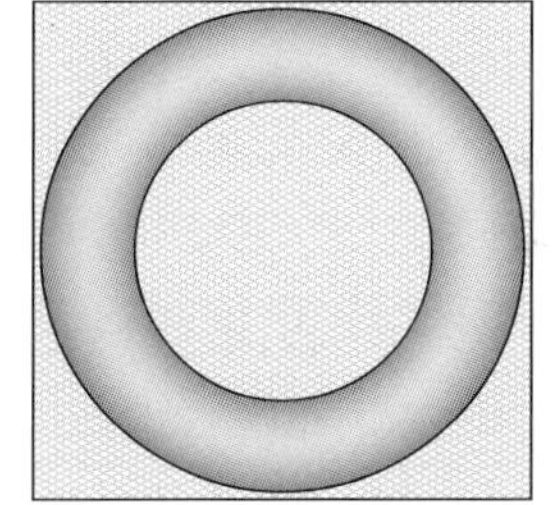

- Lege den Gardinenring auf das braune Filzquadrat und umfahre die äußere Linie mit dem Bleistift.
- Verfahre genauso mit dem Tonpapierquadrat.
- Schneide beide Kreise aus.
- Schneide vom gelben Bast etwa 20 cm lange Stücke.
- Lege ein Baststück in der Mitte zusammen und lege den Holzring darüber.
- Klappe nun die Schlaufe des Bastes nach vorne über den Holzring und ziehe die beiden Bast-Enden hindurch. Ziehe die Fäden fest.

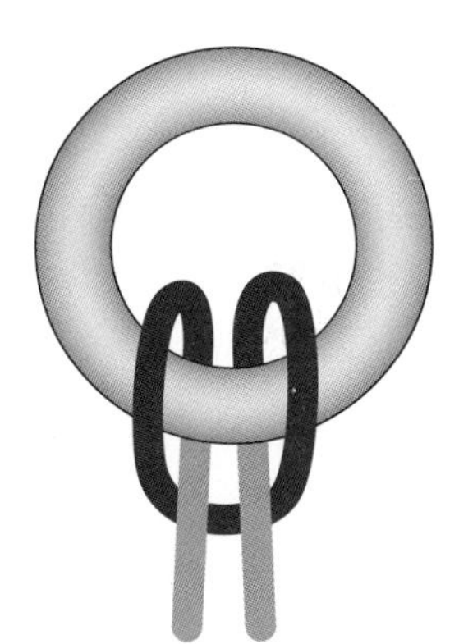

- Hänge daneben wieder ein Baststück ein und arbeite den gleichen Knoten. Du wiederholst den Vorgang so lange, bis der Holzring vollständig eingeknotet ist. Die Fäden sollen eng aneinanderliegen. Das sind die Blütenblätter deiner Sonnenblume.
- Lege in die Mitte des Tonpapierkreises etwas Bastelwatte. Darüber klebst du den braunen Filzkreis (nur am Rand kleben). Das ist das Körbchen deiner Sonnenblume.
- Nun klebst du deine Sonnenblume mit Flüssigkleber auf den Filzkreis. Jetzt ist deine Sonnenblumen-Blüte fertig.
- Zeichne Sonnenblumenblätter auf den grünen Filzstoff und schneide sie aus.
- Flechte dicke Stränge aus den grünen Schnüren. Damit die Stängel dick werden, musst du vielleicht mehrere Fäden nehmen.
- Ordne nun Blüten, Stängel und Blätter auf dem großen Stoff an. Klebt alles mit Flüssigkleber auf und lasse es gut trocknen.

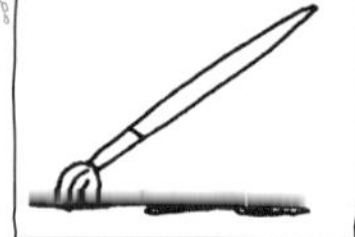

Malen und weben – Leuchtturm, Windmühle

Du brauchst:

- Pressspanplatte Größe etwa DIN A4 (Stärke ca. 1 cm)
- Nägel, 2 cm lang
- Hammer
- Wasserfarben
- Bleistift
- kleine Muscheln
- grober Sand oder feiner Kies
- Flüssigkleber
- Tapetenkleister
- Wollreste in Rot und Weiß (Leuchtturm)
- Wollreste in Weiß oder Braun (Windmühle)
- dicke Stopfnadel oder Webnadel
- schmale dünne Holzleisten für die Flügel der Windmühle

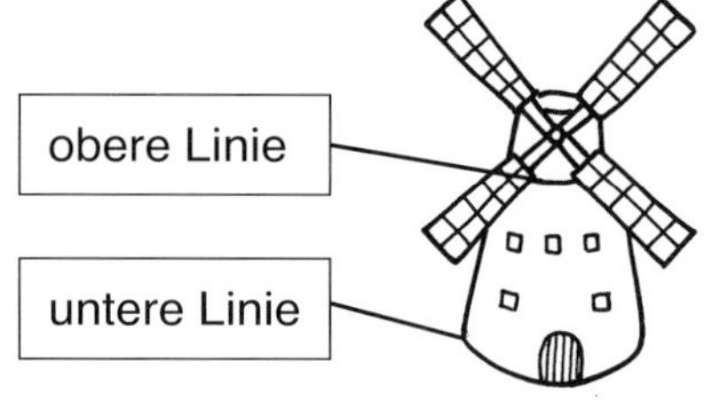

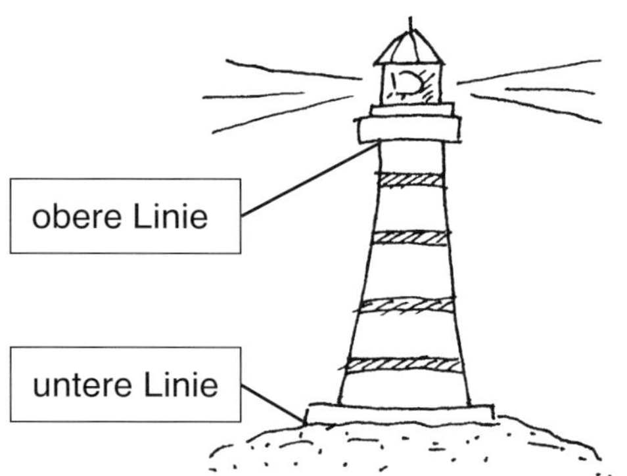

So wird es gemacht:

① Male mit kräftigen Wasserfarben ein Hintergrundbild für den Leuchtturm oder die Windmühle.

② Lass das Bild gut trocknen.

③ Zeichne mit einem Bleistift die Umrisse deines ausgesuchten Motivs (ohne Windmühlenflügel).

④ Schlage mit dem Hammer an der oberen und unteren Linie Nägel im Abstand von etwa einem halben Zentimeter ein.

⑤ Spanne zwischen den Nägeln der oberen und der unteren Linie Wollfäden (das sind die Spannfäden für deine Webarbeit).

⑥ Webe nun von der unteren bis zur oberen Linie.

⑦ Den Kopf von Windmühle und Leuchtturm kannst du mit Wasserfarben dazumalen oder mit eingefärbten dünnen Holzleisten aufkleben.

⑧ Die Windmühle bekommt am Kopf noch zwei dünne Holzleisten angenagelt, die sich überkreuzen.

⑨ Nun kannst du dein Bild noch mit Muscheln und grobem Sand ausschmücken.

Pfingsten

Lies den Text.

Pfingsten ist nach Weihnachten und Ostern das dritte wichtige Fest im Kirchenjahr. Das Wort Pfingsten stammt aus dem Griechischen und bedeutet der Fünfzigste. Deshalb wird Pfingsten am 50. Tag (also am siebten Sonntag) nach Ostern gefeiert.

Die Pfingstgeschichte

Jesus hatte den Jüngern den Auftrag erteilt, die Botschaft seiner Auferstehung allen Menschen zu erzählen. Er versicherte ihnen, er werde seinen Geist senden und ihnen Kraft geben.

Es war der Tag des jüdischen Feiertages Schawuot. In Jerusalem fand gerade das Pfingstfest (es war damals ein Erntefest) statt. Viele Menschen waren auf den Straßen, um zu feiern. Doch die Jünger hatten vor allem vor den Soldaten Angst. Sie versteckten sich in einem Haus und beteten.

Plötzlich schien es ihnen, als würde ein großes Licht das Haus erhellen. Sie glaubten, es sei wie mit Feuerzungen vom Himmel gekommen und habe sich über sie ergossen. Die Jünger bemerkten, wie ihre Angst immer mehr aus ihren Herzen wich.

Nun traten sie mutig auf die Straße, versammelten die Menschen um sich und erzählten ihnen, dass Jesus lebt und immer mit ihnen sei.

Viele Menschen spürten nun auch den neuen Geist und ließen sich taufen.

So berichteten die Jünger von Jesus und seinen vollbrachten Taten und verbreiteten die Lehre des Christentums in vielen Ländern. Damit war die christliche Kirche geboren.

Das Pfingstwunder

Aus der Geschichte vom Turmbau zu Babel (Genesis 11, 1–9) wissen wir, dass Gott den Menschen die Möglichkeit genommen hatte, andere Sprachen zu sprechen und zu verstehen.

Mit der Ausgießung des Heiligen Geistes waren die Menschen plötzlich wieder in der Lage, sich Anderssprachigen verständlich zu machen.

So verbreiteten die Jünger die Lehre des Christentums in vielen Ländern.

Die Menschen verwenden Symbole für Dinge, die sie nicht sehen können. So stellten sie in Bildern den Heiligen Geist als Flamme dar. Später setzte sich die Taube als Symbol für den Heiligen Geist durch. Die Taube war in früherer Zeit ein Sinnbild für Sanftmut und Unschuld.

Pfingstbräuche in Deutschland

Pfingstbaum pflanzen
In Niedersachsen werden einige Birken gepflanzt und mit bunten Bändern verziert.

„Pfingstochse"
In Mecklenburg wird der schönste und kräftigste Ochse mit Blumen und bunten Bändern geschmückt.

Pfingstfeuer
Am Vorabend des Pfingstsonntags werden Feuer angezündet. Sie symbolisieren die Feuerzungen.

Pfingstkranz
In einigen Gemeinden wird ein Pfingstkranz aufgestellt, der bis zu drei Metern hoch sein kann. Der Kranz wird mit grünen Zweigen, Fahnen und Fackeln geschmückt.

„Pfingstlümmel"
Zu Pfingsten wird das Vieh erstmals im Jahr auf die Weiden gebracht.
Die Jungen, die die Tiere führen, werden in Laub gehüllt und als Pfingstlümmel bezeichnet.

Wasservogel-Singen
Im Bayerischen Wald verkleiden sich die Kinder und ziehen singend von Haus zu Haus. Sie sammeln Gaben ein und werden dabei mit Wasser bespritzt.

- Erkundige dich in deiner Gemeinde oder der näheren Umgebung nach Pfingstbräuchen und berichte deiner Klasse.

A summer rhyme

① **Read the rhyme.**

② **Try to understand it.**

③ **Try to learn the rhyme by heart.**

Bed in summer

(Robert Louis Stevenson, 1850–1894)

In winter I get up at night
And dress by yellow candle light.
In summer, quite the other way,
I have to go to bed by day.

I have to go to bed and see
The birds still hopping on the tree,
Or hear the grown-up people's feet
Still going past me in the street.

And does it not seem hard to you,
When all the sky is clear and blue,
And I should like so much to play,
To have to go to bed by day?

Find the summer words

A	N	Z	V	O	L	P	Ö	F	S	B	W	B	N	M	A
B	E	A	C	H	B	A	L	L	X	S	H	O	R	T	S
G	Z	S	V	W	Z	N	M	I	I	O	E	C	D	E	N
K	S	U	B	O	M	T	Ö	Ü	C	Q	A	N	V	Y	T
S	A	N	D	C	A	S	T	L	E	M	T	R	T	B	K
A	N	G	Z	E	D	B	E	A	C	H	C	H	A	I	R
N	C	L	G	A	Z	J	K	L	R	N	G	E	W	K	P
D	F	A	Z	N	N	E	O	L	E	M	Ä	A	S	I	O
A	J	S	T	H	O	L	I	D	A	Y	S	G	A	N	S
L	H	S	U	N	N	S	W	I	M	S	U	I	T	I	L
S	H	E	L	L	S	H	E	H	N	A	K	M	E	T	Ö
K	W	S	U	N	S	H	A	D	E	N	U	Z	N	W	M

These words can help you:

SUNSHADE BIKINI SANDCASTLE PANTS ICECREAM BEACHCHAIR
SHORTS HOLIDAYS SANDALS SWIMSUIT BEACHBALL OCEAN
SUNGLASSES HEAT SHELLS SUN

Fruits

Find the right fruit.
Draw lines.

grapes

cherries

blackberries

plums

raspberries

apricots

blueberries

mirabelles

strawberries

apples

peaches

pears

melon

nectarines

rhubarb

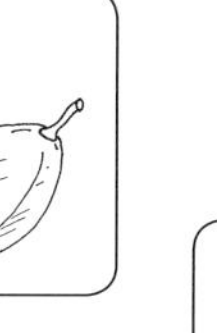

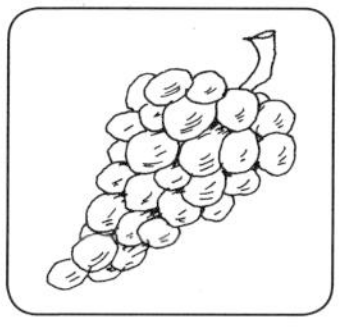

Vegetables (memory)

	cucumber		tomato
	pepper	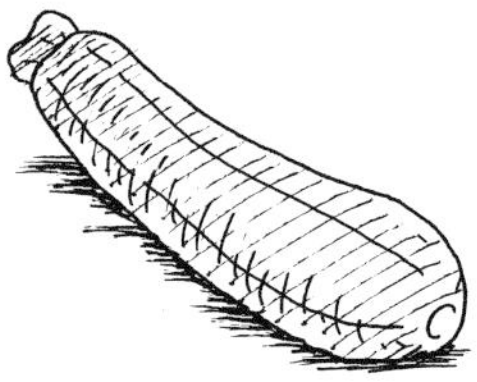	zucchini
	kohlrabi		red radish
	radish		beans
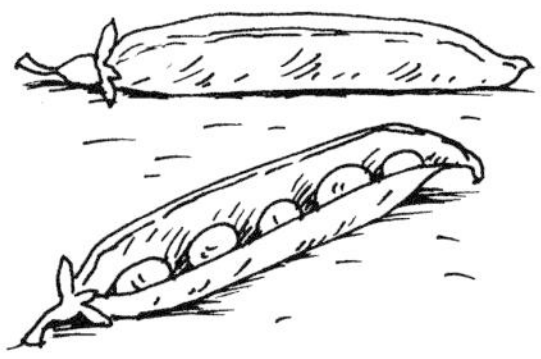	peas		onion

Summer

Fill in the english words.

Summer is the ________________ season.
(wärmste)

The ________________ often shines the whole day.
(Sonne)

It doesn't get ________________ until late in the evening.
(dunkel)

The ________________ are full of delicious fruits.
(Bäume)

The ________________ enjoy being in the playground all days.
(Kinder)

Pupils have more than six weeks summer ________________.
(Ferien)

So they have much time to play and to go ________________.
(schwimmen)

children, holidays, warmest, swimming, trees, sun, dark

Geh aus mein Herz und suche Freud

Paul Gerhardt (1653)

2. Die Bäume stehen voller Laub,
   das Erdreich decket seinen Staub
   mit einem grünen Kleide.
   Narzissus und die Tulipan,
   die ziehen sich viel schöner an
   als Salomonis Seide.

3. Die Lerche schwingt sich in die Luft,
   das Täublein fliegt aus seiner Kluft
   und macht sich in die Wälder.
   Die hochbegabte Nachtigall
   Ergötzt und füllt mit ihrem Schall
   Berg, Hügel, Tal und Felder.

4. Ich selber kann und mag nicht ruhn,
   des großen Gottes großes Tun
   erweckt mir alle Sinnen,
   ich singe mit, wenn alles singt,
   und lasse, was dem Höchsten klingt,
   aus meinem Herzen rinnen.

Dieses ist ein sehr altes Lied. Auch die Sprache ist alt. Es werden Wörter verwendet, die wir heute nicht mehr kennen. Trotzdem können wir uns vorstellen, was gemeint ist. Wie würden wir heute sagen?

Narzissus: ______________________________

Tulipan: ______________________________

Das Täublein fliegt aus seiner Kluft: ______________________________

Ich lasse etwas aus meinem Herzen rinnen: ______________________________

____

Trarira, der Sommer, der ist da

Volkslied, Melodie: Ludwig Erk (1807–1883)

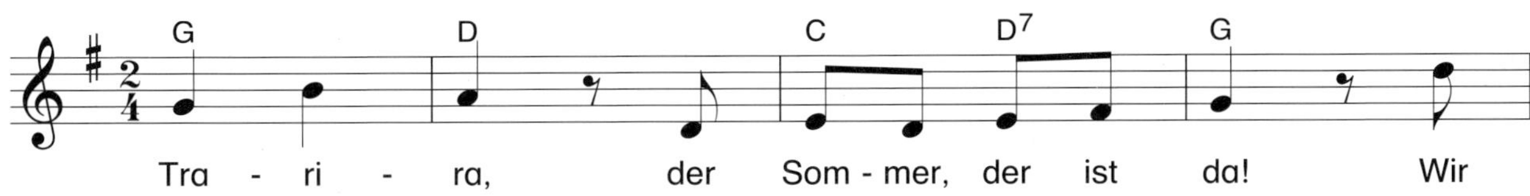

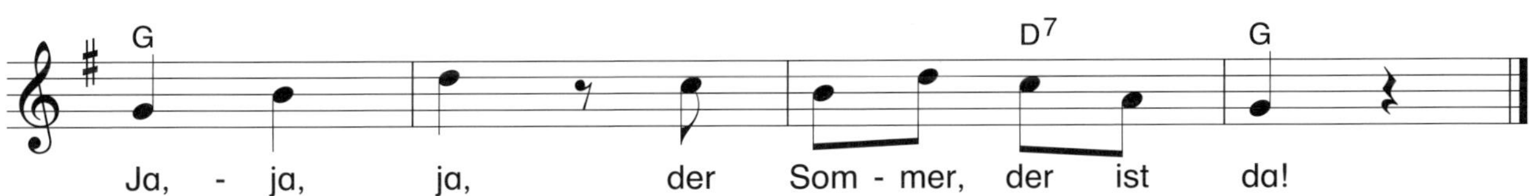

2. Trarira, der Sommer, der ist da!
   Wir wollen zu den Hecken
   und woll'n den Sommer wecken.
   Ja, ja, ja, der Sommer, der ist da!

3. Trarira, der Sommer, der ist da!
   Der Winter ist zerronnen,
   Der Sommer hat begonnen.
   Ja, ja, ja, der Sommer, der ist da!

Male ein Sommerbild.

Lösungen Deutsch

Ein aufregender Schulausflug — Seite 16/17

Fragen zum Text

1. **Zeile 1:** An einem wunderschönen Freitagmorgen machten sie den Ausflug.
2. **Zeilen 8 bis 9:** Die Busfahrt dauerte eineinhalb Stunden.
3. **Zeile 15:** Sie heißt Frau Pahlke.
4. **Zeile 13 bis 21:** Peter erzählte der Lehrerin, dass Tom ein Taschenmesser hatte. Frau Pahlke nahm es ihm ab. Tom überlegte sich, wie er sich rächen konnte.
5. **Zeilen 26 bis 35:**
   dicke Spinnweben — alter Holzofen
   verbeulter Kochtopf — verschimmelte Brotscheibe
   zerknüllte Bettdecke — tote Ratte
6. **Zeilen 44 bis 45:** Sie machten Saltos vom Beckenrand.
7. **Zeilen 49 bis 50:** Tom wollte sich rächen.
8. *Individuelle Lösung*
9. **Zeile 64:** Er schenkt ihm ein Abenteuerbuch.
10. **Zeilen 66 bis 68:** Er hatte immer noch ein schlechtes Gewissen.

Sommerferien — Seite 21/22

② Sommerferien, Schulglocke, Schüler, Klassenzimmer, Tag, Eltern, Spanien, Vater, Gebirge, Ferien, Bauernhof, Schwarzwald, Freibad, Wochenende, Mutter, Ausflüge

③ klingeln, stürmen, fliegen, wandern, verbringen, verreisen, gehen, machen

④ Ausflüge, Bauernhof, Eltern, Ferien, Freibad, Gebirge, Klassenzimmer, Mutter, Schüler, Schulglocke, Schwarzwald, Sommerferien, Spanien, Tag, Vater, Wochenende

⑤ fliegen, gehen, klingeln, machen, stürmen, verbringen, verreisen, wandern

⑦

Freibad	fliegt	Spanien
stürmen	Gebirge	gleich
nächsten	klingelt	Tag

Sommer-Kreuzworträtsel — Seite 23

① In den **Koffer** kannst du deine Kleider einpacken.
② In den Sommerferien machen viele Kinder eine **Reise**.
③ Martina verbringt ihre Ferien auf einem **Bauernhof**.
④ Jan fliegt im **Urlaub** nach Südafrika.
⑤ Andi schreibt seiner Oma eine **Postkarte** von der Nordsee.
⑥ Auf dem Campingplatz wohnt Hanna in ihrem eigenen **Zelt**.
⑦ Peter nimmt seine Freunde im **Paddelboot** mit.
⑧ Vergiss die Sonnencreme nicht, sonst bekommst du einen **Sonnenbrand**.
⑨ Melanie liegt am liebsten auf dem **Liegestuhl** unter einer Palme und liest spannende Geschichten.
⑩ Am Meer kannst du tolle **Muscheln** finden.

Sommerwörter — Seite 24

② Aprikose, Eisbecher, Freibad, Gartendusche, Gewitter, Grillfest, heiß, Pfirsich, Sonnenblume, Sonnenhut

Lösungen Deutsch

Im Freibad — Seite 26

② Die Mädchen trafen sich
- ☐ vor dem Hallenbad.
- ☐ im Freibad.
- ☒ vor dem Freibad.

Sie legten ihre Handtücher
- ☐ an den Beckenrand.
- ☒ auf die Liegewiese.
- ☐ auf drei Stühle.

Nach einigen Sprüngen vom 1-Meter-Brett
- ☒ langweilten sich Tanja und Mona.
- ☐ stritten sich Tanja und Mona.
- ☐ versöhnten sich Tanja und Mona.

Finya wollte nicht
- ☐ als Streber dastehen.
- ☒ als Feigling dastehen .
- ☐ als Spielverderber dastehen.

Als Tanja und Mona merkten, dass Finya Angst hatte,
- ☐ ließen sie sie einfach stehen.
- ☐ begleiteten sie sie die Leiter hinunter.
- ☒ sprangen sie gemeinsam mit ihr.

Sommerobst — Seite 28

(2) Apfel
(2) Pfirsich
(3) Rhabarber
(3) Himbeere
(4) Nektarine
(4) Stachelbeere

(2) Birne
(2) Kirsche
(3) Weintraube
(3) Melone
(4) Heidelbeere
(5) Johannisbeere

(2) Pflaume
(3) Erdbeere
(3) Brombeere
(4) Mirabelle
(4) Aprikose

Sommer-Cluster — Seite 29

Hier könnt ihr euch
noch ein paar Ideen holen.

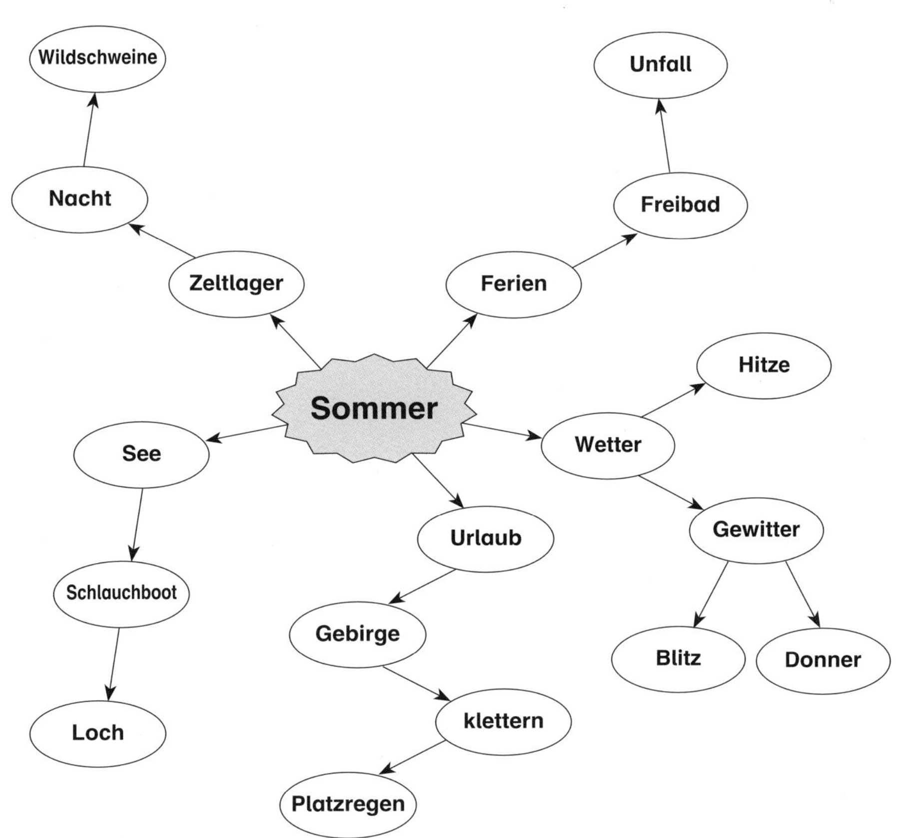

Wortarten zum Thema Sommer — Seite 30

①

Substantive (Nomen, Namenwörter)	Verben (Tunwörter)	Adjektive (Wiewörter)
Hitze	schwimmen	warm
Freibad	verreisen	bunt
Schmetterling	spritzen	trocken
Quelle	schwitzen	hell
Urlaub	schlecken	saftig
Ferien	wandern	heiß
Sandalen	grillen	lecker
Gewitter	baden	
	tauchen	

Sommer-Suchsel — Seite 32

A	N	U	L	P	A	V	F	**F**	T	R	G	N	M	Ö
G	H	E	H	V	B	**B**	L	**R**	Ö	Z	E	M	Q	K
Ö	M	Z	K	F	D	**A**	R	**E**	X	W	O	P	M	E
R	B	H	O	K	L	**D**	G	**I**	L	O	S	**G**	B	G
E	B	**S**	**O**	**N**	**N**	**E**	**N**	**B**	**L**	**U**	**M**	**E**	H	L
H	**I**	**T**	**Z**	**E**	J	**H**	T	**A**	X	**R**	A	**W**	K	Y
B	E	**R**	J	Ü	K	**O**	F	**D**	D	**L**	F	**I**	M	U
Q	E	**A**	G	N	D	**S**	U	I	P	**A**	M	**T**	C	S
Ö	H	**N**	F	W	E	**E**	R	**E**	T	**U**	B	**T**	N	A
H	U	**D**	**U**	**R**	**S**	**T**	**H**	**I**	**M**	**B**	**E**	**E**	**R**	**E**
Q	X	F	G	H	L	O	P	**S**	Ö	N	Ä	**R**	S	Q

Verrückte Sommersätze — Seite 33

①

1	Max spritzt	6	mit dem Auto.
2	Marion schläft	9	im See.
3	Oma beobachtet	4	einen Eisbecher.
4	Lina schleckt	10	eine Eintrittskarte.
5	Oskar bestaunt	2	im Flugzeug.
6	Die Familie verreist	5	die vielen Berge.
7	Mama liest	8	kalten Sprudel.
8	Anna trinkt	7	die Eiskarte.
9	Papa schwimmt	1	mit dem Gartenschlauch.
10	Alena kauft	3	den Wasserfall.

Lösungen Deutsch

Zusammengesetzte Substantive — Seite 34

1. der Sommerurlaub
   die Sommerblumen
   die Sommerkleider
   die Sommerhitze
   die Sommerschuhe
   die Sommerfrüchte
   die Sommerferien
   die Sommerzeit

2. die Sonnenuhr
   das Sonnenbad
   die Sonnenblume
   der Sonnenhut
   der Sonnenschirm
   die Sonnencreme
   der Sonnenbrand
   die Sonnenstrahlen

Lösungen Mathematik

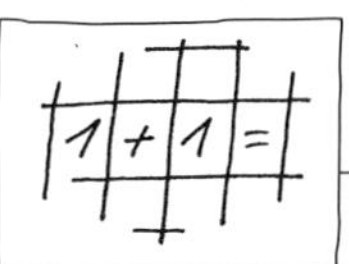

Sommerfest — Seite 36

① Frage: Wie viel muss er bezahlen?
Rechnung: 2 · 25 Cent = 50 Cent   50 Cent + 40 Cent = 90 Cent
Antwort: Er muss 90 Cent bezahlen.

② Frage: Wie viel Geld bekommt er zurück?
Rechnung: 2 · 30 Cent = 60 Cent
60 Cent + 60 Cent = 1 Euro 20 Cent
2 Euro – 1 Euro 20 Cent = 80 Cent
Antwort: Herr Lutz bekommt 80 Cent zurück.

③ Frage: Wie viel kostet alles zusammen?
Rechnung: 3 · 40 Cent = 1 Euro 20 Cent
1 Euro 20 Cent + 50 Cent = 1 Euro 70 Cent
Antwort: Alles zusammen kostet 1 Euro 70 Cent.

④ a) Rechnung: 2 · 25 Cent = 50 Cent   50 Cent + 40 Cent = 90 Cent
2 Euro – 90 Cent = 1 Euro 10 Cent   2 · 3 Lose kosten 1 Euro
Antwort: Martin kann 6 Lose kaufen.

b) Antwort: Er hat dann noch 10 Cent übrig.

In den Sommerferien — Seite 37/38

① a) Sie erreichen ihr Ziel um 12:55 Uhr.
b) Sie sind um 18:10 Uhr zu Hause.

② Die Mädchen fuhren um 8:15 Uhr los.

③ Opa muss um 17:25 Uhr loslaufen.

④ a) Oma Binder kommt um 17:45 Uhr am Bodensee am.
b) Sie war 11 Stunden und 10 Minuten unterwegs.

Lösungen Mathematik

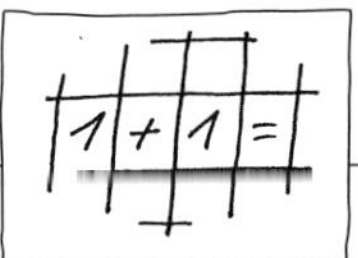

Ausmalbild Einmaleins — Seite 39

6 · 3 = 18	7 · 12 = 84	6 · 7 = 42	(15 · 2) – 7 = 23
4 · 7 = 28	8 · 11 = 88	7 · 8 = 56	(7 · 4) + 3 = 31
6 · 8 = 48	4 · 5 = 20	2 · 6 = 12	(2 · 5) – 3 = 7
9 · 12 = 108	3 · 5 = 15	10 · 10 = 100	(7 · 7) + 2 = 51
9 · 8 = 72	5 · 9 = 45	3 · 9 = 27	(2 · 7) + 3 = 17
5 · 6 = 30	7 · 15 = 105	5 · 7 = 35	(4 · 6) + 8 = 32
9 · 4 = 36	9 · 7 = 63	8 · 8 = 64	(6 · 7) + 2 = 44
2 · 17 = 34	12 · 10 = 120	20 · 7 = 140	(11 · 8) – 9 = 79
9 · 9 = 81	2 · 7 = 14	7 · 0 = 0	(8 · 9) – 6 = 66
8 · 3 = 24	9 · 6 = 54		(2 · 10) – 7 = 13

Sonnenblumen — Seite 40

①

2, 5 kg Sonnenblumenkerne	1 Liter Sonnenblumenöl
1,25 kg	½ Liter Öl
5 kg	2 Liter Öl
12,5 kg	5 Liter Öl
30 kg	12 Liter Öl

② Frage: Wie viele Sonnenblumenkerne sind in 7 Sonnenblumen?
Antwort: In 7 Sonnenblumen sind 19600 Sonnenblumenkerne.

③ a) Der Sommer dauert 93 Tage.
b) Das sind 13 Wochen und 2 Tage.

Wie viel kostet der Urlaub? — Seite 41/42

① Die Ferienwohnung kostet 2094 Euro.

② Die Kurtaxe beträgt 252 Euro.

③ Für Verpflegung muss Familie Schuster 1291,50 Euro ausgeben.

④ a) Das Auto braucht 96 Liter Benzin.
b) Das Benzin kostet 153,60 Euro.

⑤ Der Urlaub kostet 4291,10 Euro.

Was versteckt sich hier? — Seite 43

1	2 + 6 = 8	**11**	7 + 6 = 13
2	9 – 3 = 6	**12**	14 – 11 = 3
3	19 – 4 = 15	**13**	13 + 4 = 17
4	5 + 2 = 7	**14**	16 – 14 = 2
5	16 – 5 = 11	**15**	9 + 9 = 18
6	3 + 6 = 9	**16**	18 – 17 = 1
7	11 – 7 = 4	**17**	6 + 8 = 14
8	12 + 4 = 16	**18**	20 – 10 = 10
9	12 – 7 = 5	**19**	17 + 3 = 20
10	20 – 1 = 19	**20**	12 – 8 = 4

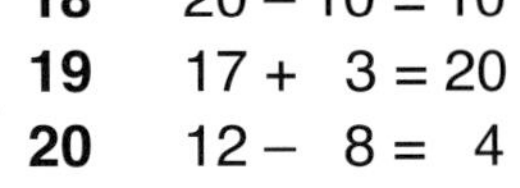

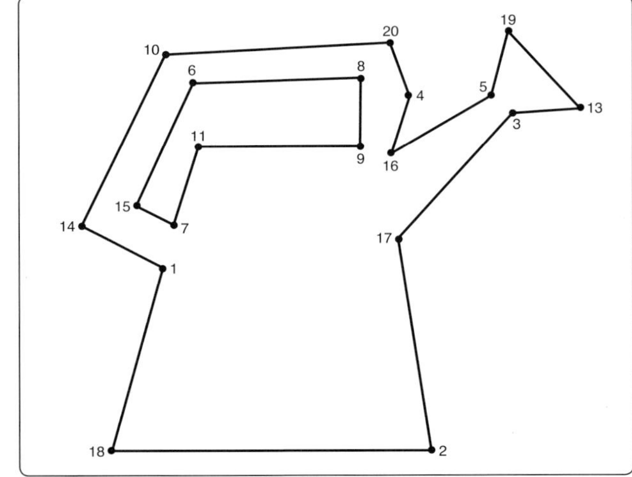

Lösungen Sachunterricht

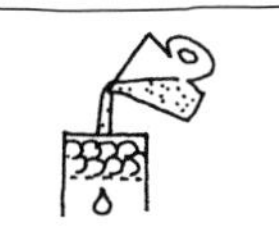

Das ist Sommer — Seite 44

② a) Beginn: 21. (22.) Juni
Ende: 22. (23.) September

b) Bei den Meteorologen beginnt der Sommer am 1. Juni und dauert drei volle Monate. Es sind die Monate Juni, Juli, August.

c) Alban Hevin

Verhalten bei Gewitter – Quiz — Seite 49

	richtig	falsch
Vor dem Regen suche ich unter einer kleinen Baumgruppe Schutz.	☐	☒
Ich mache mich klein.	☒	☐
Ich springe in den Pool, um mich abzukühlen.	☐	☒
Ich gehe ins Tal.	☒	☐
Gegen den heftigen Regen öffne ich meinen Regenschirm.	☐	☒
Meine kleine Schwester hat Angst vor Gewitter. Ich nehme sie an die Hand.	☐	☒
Ich schalte den Fernseher aus und ziehe den Stecker aus der Steckdose.	☒	☐
Ich bleibe im Auto sitzen und öffne die Fenster weit, weil es so schwül ist.	☐	☒
Damit ich den Donner nicht höre, drehe ich das Radio laut auf.	☐	☒

Früchte des Sommers — Seite 51

Kernobst	Steinobst	Beerenobst
Apfel	Kirsche	Weintrauben
Birne	Nektarine	Heidelbeeren
	Pflaume	Himbeeren
	Pfirsich	Brombeeren
	Mirabelle	Johannisbeeren
	Aprikose	Erdbeeren
		Stachelbeeren

Sommergemüse — Seite 55

Zucchini, Bohnen, Gurke, Radieschen, Zwiebel, Tomate, Erbsen, Paprika, Kohlrabi, Rettich

Lösungen Sachunterricht

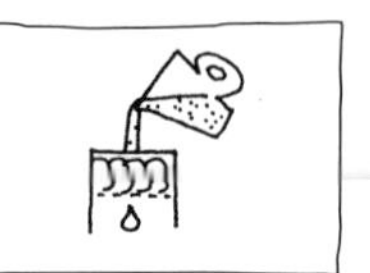

So entwickelt sich ein Schmetterling — Seite 57

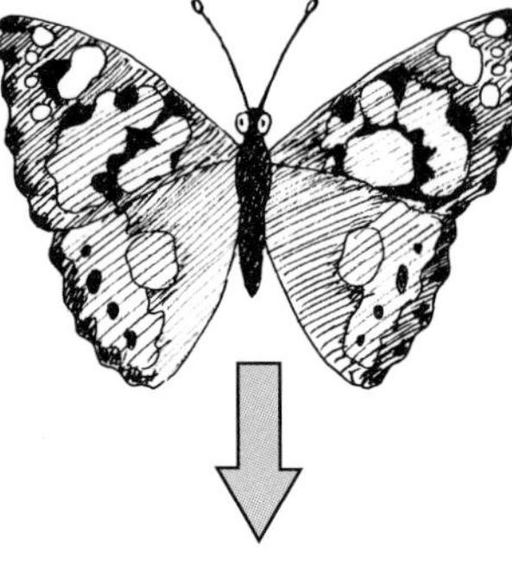

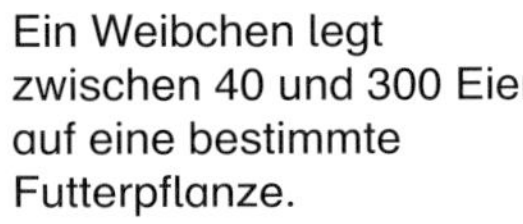

Ein Weibchen legt zwischen 40 und 300 Eier auf eine bestimmte Futterpflanze.

Ei

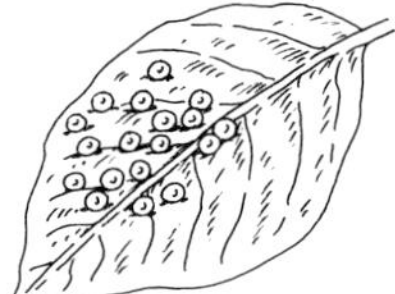

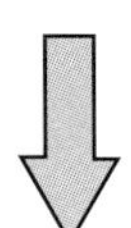

Aus jedem Ei schlüpft eine Raupe und frisst die Eihülle auf. Sie ist sehr gefräßig. Weil sie so viel frisst, wird ihre Haut bald zu eng und sie häutet sich mehrmals. Dann verpuppt sie sich.

Raupe

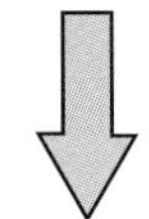

Die Puppe nimmt keine Nahrung mehr auf. In der Puppenhülle verwandelt sich die Raupe. Am Ende sprengt ein fertig ausgebildeter Schmetterling die Hülle.

Puppe

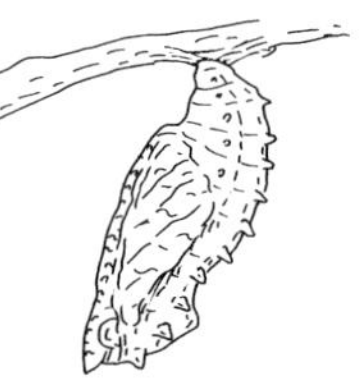

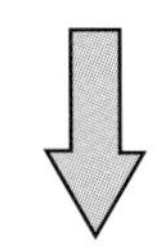

Wird das Weibchen befruchtet, kann es wieder Eier legen und die Entwicklung eines neuen Schmetterlings beginnt von neuem.

Schmetterling

Körperbau einer Schmetterlingsraupe — Seite 60

6	Brustbeine	2	Brust	5	Bauchbeine
1	Kopf	8	Hinterleib	9	Kiefer
3	Nachschieber	4	Augen	7	Atemlöcher

Lösungen Sachunterricht

Körperbau einer Schmetterlingspuppe — Seite 60

1	Fühler	4	Auge	3	Flügel	2	Saugrüssel

Honigbienen 1 — Seite 63

①

3	Körbchen	13	Brust
10	Fühler	4	Rüssel mit Zunge
8	Atemloch	6	Hinterflügel
5	Auge	14	Hinterbein
1	Vorderflügel	9	Kiefer
12	Hinterleib	11	Kopf
2	Mittelbein	7	Vorderbein

Honigbienen 3 — Seite 65

③ **Teste dein Wissen.**

1. Bienen sind I N S E K T E N.
2. Am Hinterleib der Bienen befindet sich ein G I F T S T A C H E L.
3. Den Blütenstaub nennt man auch P O L L E N.
4. Honigbienen leben in einem S T A A T.
5. Männliche Bienen nennt man D R O H N E N.
6. In einem Bienenvolk gibt es nur eine K Ö N I G I N.
7. Die Königin speichert den S A M E N in einer Samentasche.
8. Die Honigbiene saugt N E K T A R aus den Blütenkelchen.
9. Im K Ö R B C H E N werden Blütenpollen gesammelt.
10. Nektar und Pollen werden im Bienenstock in W A B E N gefüllt.

Lösungen Sachunterricht

Aufbau Sonnenblumen Seite 67

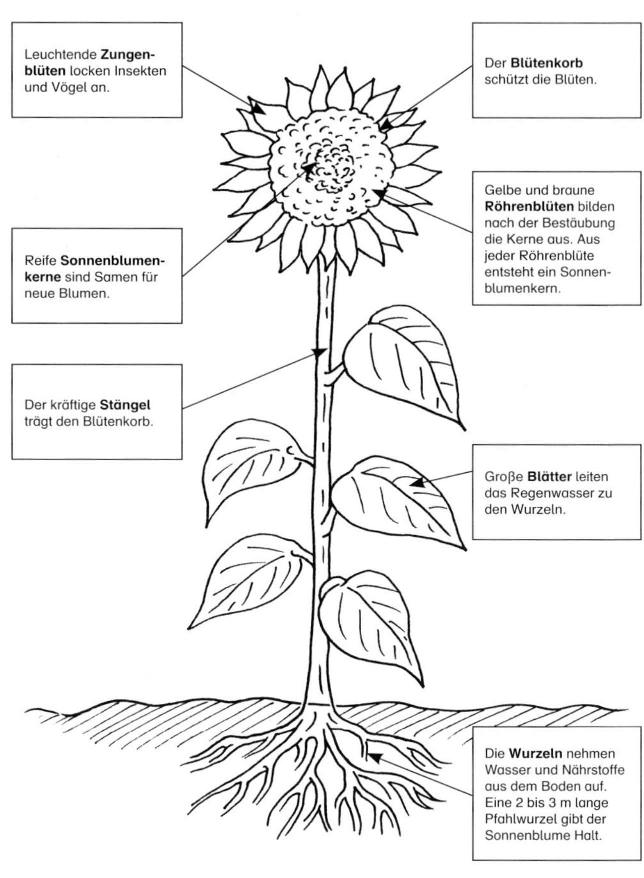

Europa-Rätsel Seite 72

Frankreich	Paris
Italien	Rom
Dänemark	Kopenhagen
Spanien	Madrid
Türkei	Ankara
Österreich	Wien
Ungarn	Budapest
Deutschland	Berlin

Lösungen Englisch

Find the summer words

Seite 80

A	N	Z	V	O	L	**P**	Ö	F	S	B	W	B	N	M	A
B	**E**	**A**	**C**	**H**	**B**	**A**	**L**	**L**	X	**S**	**H**	**O**	**R**	**T**	**S**
G	Z	**S**	V	W	Z	**N**	M	I	**I**	O	**E**	C	D	E	N
K	S	**U**	B	**O**	M	**T**	Ö	Ü	**C**	Q	**A**	N	V	Y	T
S	**A**	**N**	**D**	**C**	**A**	**S**	**T**	**L**	**E**	M	**T**	R	T	**B**	K
A	N	**G**	Z	**E**	D	**B**	**E**	**A**	**C**	**H**	**C**	**H**	**A**	**I**	**R**
N	C	**L**	G	**A**	Z	J	K	L	**R**	N	G	E	W	**K**	P
D	F	**A**	Z	**N**	N	E	O	L	**E**	M	Ä	A	S	**I**	O
A	J	**S**	T	**H**	**O**	**L**	**I**	**D**	**A**	**Y**	**S**	G	A	**N**	S
L	H	**S**	**U**	**N**	N	**S**	**W**	**I**	**M**	**S**	**U**	**I**	**T**	**I**	L
S	**H**	**E**	**L**	**L**	**S**	H	E	H	N	A	K	M	E	T	Ö
K	W	**S**	**U**	**N**	**S**	**H**	**A**	**D**	**E**	N	U	Z	N	W	M

Summer

Seite 83

Summer is the **warmest** season.

The **sun** often shines the whole day.

It doesn't get **dark** until late in the evening.

The **trees** are full of delicious fruits.

The **children** enjoy being in the playground all days.

Pupils have more than six weeks summer **holidays**.

So they have much time to play and to go **swimming**.

Den Sachunterricht aktiv gestalten!

Birte Stratmann, Nicole Weber

Lernwerkstatt Weihnachten

Fächerübergreifende Kopiervorlagen

Alle Jahre wieder müssen Sie sich überlegen, wie Sie die Vorweihnachtszeit eindrucksvoll gestalten können. Mit dieser fächerübergreifenden Lernwerkstatt ist das ab sofort kein Problem mehr! Die Schüler schreiben Weihnachtskarten, berechnen die Weihnachtseinkäufe, dekorieren das Klassenzimmer und lernen verschiedene Bräuche und Weihnachtstraditionen kennen. So beschäftigen sie sich mit dem Thema Weihnachten und trainieren gleichzeitig Fertigkeiten, die sie bereits gelernt haben. Alle Arbeitsblätter sind ohne Vorbereitung einsetzbar und erfordern keinen großen Materialaufwand.

Das große Weihnachtspaket für die ganze Weihnachtszeit!

Buch, 104 Seiten, DIN A4
1. und 2. Klasse
Best.-Nr. M358

Alexandra Hanneforth

Lernwerkstatt Vergangenheit

Steinzeit – Altes Ägypten – Altes Griechenland – Mittelalter

Auf in die Vergangenheit! Während der „Zeitreise" beschäftigen sich Ihre Schüler/-innen eingehend mit verschiedenen Themen: Sie malen Ritterwappen, basteln Steinzeit-chmuck, rechnen mit Elle, Handspanne und Schritt wie im Mittelalter oder schreiben in ägyptischen Hieroglyphen. So erhalten die Kinder Anregungen und „Handwerkszeug" für das selbstständige Erarbeiten geschichtlicher Zusammenhänge.

Lebendiger Werkstattunterricht mit einer Entdeckungsreise in die Geschichte – spannend und lehrreich!

Buch, 96 Seiten, DIN A4
3. und 4. Klasse
Best.-Nr. M317

C. Sußmann, S. Stadler

Lernwerkstatt Auge, Ohr & Co.

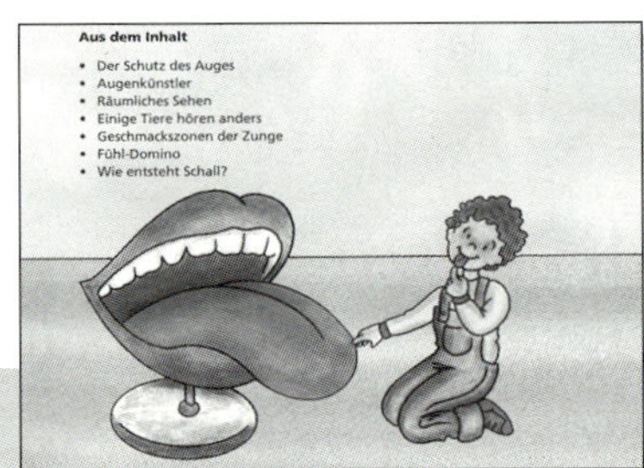

Fächerübergreifende Kopiervorlagen

Wie funktioniert das Ohr? Was kann die Zunge alles? Wie lesen blinde Menschen? Mit diesen und vielen weiteren Fragen beschäftigen sich die Kinder in dieser Lernwerkstatt. So erwerben sie grundlegendes Wissen über Auge, Ohr, Nase, Haut und Zunge und lernen zugleich, wie sie ihre Sinnesorgane schützen können. Mit den verständlichen und handlungsorientierten Materialien finden die Kinder selbst bei schwierigen Fragen zu eigenen Antworten. Interessante Anregungen, gut strukturierte Sachtexte, klare Schaubilder und anschauliche Experimente wecken ein nachhaltiges Verständnis für die fünf Sinne.

Mit allen Sinnen die Sinne kennenlernen!

Buch, 124 Seiten, DIN A4
3. und 4. Klasse
Best.-Nr. M357

Maria Stens, Julia Lerch, Yvonne von der Lieth, Sonja Stadler, Christine Sußmann

Lernwerkstatt Deutschland entdecken/ Europa entdecken

Fächerübergreifende Kopiervorlagen 3./4. Klasse

Mithilfe dieser Bände können Ihre Schüler ihr erdkundliches Wissen über Deutschland und Europa selbstständig erarbeiten, üben und vertiefen. Die einzelnen Arbeitsblätter sind in ihren Aufgabenformaten abwechslungsreich gestaltet. Ob Städte, Flüsse, Gebirge oder Länder – diese Bücher bieten eine Auswahl an Kopiervorlagen zu den wichtigsten lehrplanrelevanten Themen. Fächerübergreifende Angebote sorgen nicht nur für Spaß und Abwechslung, sondern festigen das Gelernte dauerhaft.

Von der Nordseeküste zu den Alpen, von Island bis Italien – lebendiger Werkstattunterricht zum Thema Deutschland und Europa!

Lernwerkstatt Deutschland entdecken
Buch, 61 Seiten, DIN A4
3. und 4. Klasse
Best.-Nr. M363

Lernwerkstatt Europa entdecken
Buch, 98 Seiten, DIN A4
3. und 4. Klasse
Best.-Nr. 20000

Unser Bestellservice:

Das komplette Verlagsprogramm finden Sie in unserem Online-Shop unter

www.persen.de

Bei Fragen hilft Ihnen unser Kundenservice gerne weiter.

Deutschland: ✆ 040/32 50 83-040 · Schweiz: ✆ 052/366 53 54 · Österreich: ✆ 0 72 30/2 00 11